浙江省高职院校"十四五"重点教材

U0610194

1+X 职业技能等级证书配套教材
——"智能制造生产管理与控制"职业技能等级证书

智能制造生产 管理与控制

初级

ZHINENG ZHIZAO SHENGCHAN GUANLI YU KONGZHI

江苏汇博机器人技术股份有限公司　组编

☐ 主　编　陈军统　蒋庆斌　王振华
　副主编　陈　丽　刘　昊　沈柏民　高宇斌　于永会
　参　编　高　丹　孙志平　马海杰　卢志芳　张春芳
　　　　　王　斌　李海胜　李桂祥　杜康宁

中国教育出版传媒集团
高等教育出版社·北京

内容简介

　　本书是智能制造生产管理与控制 1+X 职业技能等级证书(初级)配套教材。其内容以智能制造生产操作、运行与管控为核心，面向智能制造设备操作、数控设备操作、检测设备操作等相关工作人员，对照《智能制造生产管理与控制职业技能等级标准》(初级)，结合智能制造生产管理与控制在生产工程中的典型应用，通过项目化、任务化形式编排教学内容，使学生在实际应用中掌握智能制造生产管理与控制技能。

　　本书内容包括智能制造生产管控实训系统认知、数控加工中心操作、零件建模与 CAM 编程、工业机器人上下料系统操作、MES 配置与操作和智能制造系统生产管控 6 个项目。每个项目内容包括证书技能要求、项目引入、知识目标、能力目标、平台准备、学习任务和项目拓展。每个项目都设计了若干个教学任务，整部教材共设计了 20 个任务，每个任务包括任务提出、知识准备和任务实施三个环节。

　　为了让学习者能够快速且有效地掌握核心知识和技能，同时方便教师采用更有效的传统方式教学，或者更新颖的线上线下的翻转课堂教学模式，本书提供丰富的数字化课程教学资源，包括 PPT 电子课件、微课等，并配有在线课程，已在"智慧职教"平台(www.icve.com.cn)上线，具体使用方式详见"智慧职教"服务指南。选用本书授课的教师可发送电子邮件至 gzdz@pub.hep.cn 索取部分教学资源。

　　本书适合于高等职业院校、中等职业学校的机械设计与制造、数控技术、机电一体化技术、工业机器人技术、智能控制技术、智能制造工程等智能制造相关专业的教材，也可作为与智能制造生产及管理相关工程技术人员的参考资料和培训用书。

图书在版编目（C I P）数据

　　智能制造生产管理与控制：初级 / 江苏汇博机器人技术股份有限公司组编；陈军统，蒋庆斌，王振华主编.--北京：高等教育出版社，2023.2（2025.1重印）
　　ISBN 978-7-04-058940-5

　　Ⅰ.①智…　Ⅱ.①江…②陈…③蒋…④王…　Ⅲ.①智能制造系统－制造工业－工业企业管理－生产管理－高等职业教育－教材　Ⅳ.① F407.406.2

　　中国版本图书馆CIP数据核字（2022）第116392号

ZHINENG ZHIZAO SHENGCHAN GUANLI YU KONGZHI（CHUJI）

策划编辑　曹雪伟		责任编辑　曹雪伟		封面设计　张雨微		版式设计　杜微言	
责任绘图　黄云燕		责任校对　王　雨		责任印制　高　峰			

出版发行	高等教育出版社	网　　址	http://www.hep.edu.cn
社　　址	北京市西城区德外大街4号		http://www.hep.com.cn
邮政编码	100120	网上订购	http://www.hepmall.com.cn
印　　刷	固安县铭成印刷有限公司		http://www.hepmall.com
开　　本	787mm×1092mm　1/16		http://www.hepmall.cn
印　　张	14.75		
字　　数	300千字	版　　次	2023年2月第1版
购书热线	010-58581118	印　　次	2025年1月第3次印刷
咨询电话	400-810-0598	定　　价	49.80元

本书如有缺页、倒页、脱页等质量问题，请到所购图书销售部门联系调换
版权所有　侵权必究
物　料　号　58940-A0

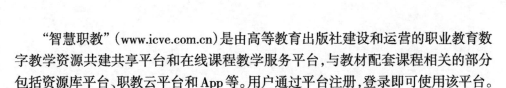

"智慧职教"服务指南

"智慧职教"（www.icve.com.cn）是由高等教育出版社建设和运营的职业教育数字教学资源共建共享平台和在线课程教学服务平台，与教材配套课程相关的部分包括资源库平台、职教云平台和 App 等。用户通过平台注册，登录即可使用该平台。

● 资源库平台：为学习者提供本教材配套课程及资源的浏览服务。

登录"智慧职教"平台，在首页搜索框中搜索"智能制造生产与管控（初级）"，找到对应作者主持的课程，加入课程参加学习，即可浏览课程资源。

● 职教云平台：帮助任课教师对本教材配套课程进行引用、修改，再发布为个性化课程（SPOC）。

1. 登录职教云平台，在首页单击"新增课程"按钮，根据提示设置要构建的个性化课程的基本信息。

2. 进入课程编辑页面设置教学班级后，在"教学管理"的"教学设计"中"导入"教材配套课程，可根据教学需要进行修改，再发布为个性化课程。

● App：帮助任课教师和学生基于新构建的个性化课程开展线上线下混合式、智能化教与学。

1. 在应用市场搜索"智慧职教 icve" App，下载安装。

2. 登录 App，任课教师指导学生加入个性化课程，并利用 App 提供的各类功能，开展课前、课中、课后的教学互动，构建智慧课堂。

"智慧职教"使用帮助及常见问题解答请访问 help.icve.com.cn。

智能制造是新一轮科技革命和产业变革的核心,其技术水平关乎我国制造业未来在全球的地位。智能制造基于新一代信息技术与先进制造技术深度融合,贯穿设计、生产、管理、服务等制造活动的各个环节。目前我国从事机器人及智能制造行业的相关企业有上万家,相应的人才储备数量和质量却捉襟见肘,人才缺口达数百万,这已经成为产业转型升级的重要制约因素之一。为了适应产业发展对智能制造应用人才培养的需要,各类院校纷纷开设工业机器人技术、智能制造装备技术、智能制造工程技术、智能装备与系统、智能控制技术等智能制造相关专业(群)。但是目前我国智能制造应用人才的培养还处在起步阶段,一定程度上存在人才培养定位不清晰、实训条件不完善、师资水平薄弱等问题。

智能制造生产管理与控制职业技能等级证书,面向智能制造、系统集成、生产应用、技术服务等各类企业和机构,在对智能制造单元操作编程、安装调试、运行维护、系统集成、CAD/CAM、MES 生产管控以及营销与服务等岗位分析的基础上,对标资历框架对相应初级、中级、高级技能等级进行了系统设计,满足各类院校对应层次人才培养及职业技能评价需要。

为了配合"智能制造生产管理与控制"职业技能等级证书试点工作的需要,使各类院校学生、企业在岗职工、社会学习者能更好地掌握相应职业技能要求及评价考核要求,获取相关证书,江苏汇博机器人技术股份有限公司组织了行业企业专家、院校专家编写了本教材。本教材以《智能制造生产管理与控制职业技能等级标准》(初级)的要求为开发依据,包括遵守安全操作规范,能对智能制造单元进行运行测试,操作工业机器人、数控加工设备、检测设备,操作 MES 生产管控系统;能按照工艺要求熟练使用 MES 生产管控软件,通过 MES 生产管控软件,实现零件加工生产任务,并可以在相关工作岗位从事智能制造设备操作、数控设备操作、检测设备操作、MES 生产管控系统操作、数字化生产、工艺流程设计等工作。

教材编写组从企业的实际生产出发,经过广泛调研,确认与技能等级证书相关的工作场景及典型案例,依据项目化、模块化的先进开发理念,按照数控加工单元、工业机器人及数控加工单元、智能制造单元三个层次,由简单到复杂设计了智能制造生产管控实训系统认知、数控加工中心操作、零件建模与 CAM 编程、工业机器人与机床上下料系统操作、MES 配置与操作和智能制造系统生产管控 6 个项目的内容,使学习者能够在相关单元的工作任务实施过程中,掌握智能制造生产管理与控制的核心技术与技能,能根据现场给定的工艺要求,完成智能制造系统的生产与管控,承担明确的岗位职业。

本教材在编写过程中,得到了有关专家和技术人员的大力支持,在此一并表示感谢。由于时间仓促,缺乏经验,如有不足之处,恳请使用单位和个人提出宝贵意见和建议。

教材编写组

2022 年 5 月

目　录

项目一　智能制造生产管控实训系统认知

1. 能够根据工作任务要求,对简单零件进行三维设计
2. 能够根据工作任务要求,对简单零件进行人程
3. 能够根据工作任务要求
4. 能够根据工作任务要求,在 MES 系统
5. 能够根据工作任务要求,运用 MES 系统的全流程加工

 证书技能要求

智能制造生产管理与控制职业技能等级要求(初级)	
1.1.3	能够根据工作任务要求,对简单零件进行三维设计
1.2.2	能够根据工作任务要求,对简单零件进行 CAM 编程
2.3.2	能够根据工作任务要求,完成智能制造单元中设备的通信测试及试运行操作
3.1.3	能够根据工作任务要求,在 MES 系统中完成订单的下发
3.2.1	能够根据工作任务要求,运用 MES 系统实现零件的全流程自动模拟加工
3.3.2	能够根据工作任务要求,应用 MES 系统对零件加工信息进行统计,并生成生产报告

 项目引入

　　智能制造是一种由智能机器和人类专家共同组成的人机一体化智能系统,它在制造过程中能进行智能活动,诸如分析、推理、判断、构思和决策等。随着智能制造发展的持续推进,越来越多的制造型企业正投身到数字化转型升级的时代浪潮当中。智能制造的发展已逐步显现出其特有的发展方向与趋势。

　　本项目包括智能制造系统概述、汇博智能制造系统构成、数字孪生概述、智能制造关键技术和智能制造生产管控实训系统运行 5 个任务,通过了解智能制造的概念及相关的关键技术,学习典型智能制造系统的运行,为后续的深入学习打下坚实的基础。

 知识目标

1. 了解智能制造的概念
2. 了解典型智能制造系统的构成及模块功能
3. 了解数字孪生的概念
4. 了解智能制造领域关键技术
5. 掌握典型智能制造系统的运行流程及操作方法

能力目标

1. 能够使用虚拟仿真软件加载调试环境并运行
2. 能够加载并运行机器人程序
3. 能够正确启动数控系统
4. 能够正确启动 MES 系统
5. 能够按照作业指导管理 MES 系统的生产流程

平台准备

汇博 CNC	A 型实训平台模型	汇博 3 kg 机器人	快换主盘
吸盘工具	平口手爪工具	弧口手爪工具	快换工具支架
立体仓库模块	井式上料模块	输送模块	相机检测模块

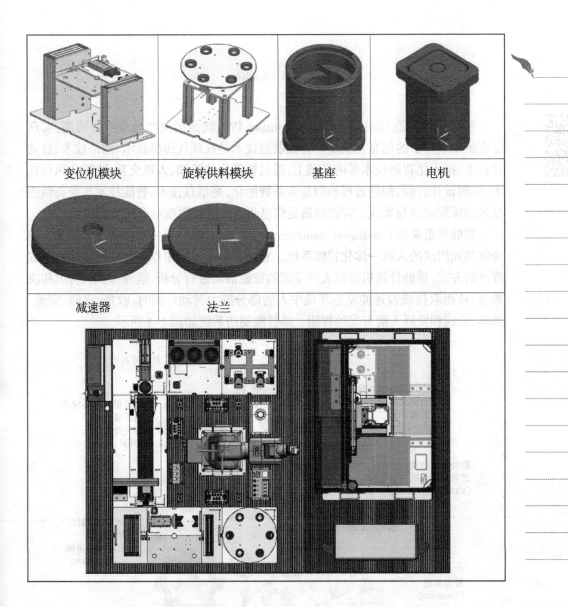

变位机模块	旋转供料模块	基座	电机
减速器	法兰		

任务 1.1 智能制造系统概述

所谓智能制造（intelligent manufacturing，IM），就是面向产品全生命周期，实现泛在感知条件下的信息化制造。智能制造技术是在现代传感技术、网络技术、自动化技术、拟人化智能技术等的基础上，通过智能化的感知、人机交互、决策和执行技术，实现设计过程、制造过程和制造装备智能化，是信息技术、智能技术与装备制造技术的深度融合与集成。智能制造是信息化与工业化深度融合的大趋势。

智能制造系统（intelligent manufacturing system，IMS）是一种由智能机器和人类专家共同组成的人机一体化智能系统。它能在制造过程中以一种高度柔性与集成度高的方式，借助计算机模拟人类专家的智能活动进行分析、推理、判断、构思和决策等，从而取代或者延伸制造环境中人的部分脑力劳动。同时，收集、存储、完善、共享、集成和发展人类专家的智能。某智能制造系统如图 1-1 所示。

图 1-1 某智能制造系统

当前，智能制造在国家层面乃至整个人类社会中扮演着至关重要的角色，已成为全球化和国家级战略课题，很多国家都在智能制造领域进行了规划和部署。《中共中央关于制定国民经济和社会发展第十四个五年规划和二〇三五年远景目标的建议》指出，坚持把发展经济的着力点放在实体经济上，坚定不移建设制造强国、质量强国、网络强国、数字中国，将全面提升中国制造业发展质量和水平作为重大战略部署,使中国迈入制造强国行列。

随着"工业 4.0"的热潮席卷全球,越来越多的制造企业正决意将未来制造的愿景变为现实,在数字化引领的工业变革中尽早谋篇布局。当前众多企业正"奔驰"在智能制造的建设之路上,但智能工厂自动化生产线建设投资大、周期长,自动化控制逻辑复杂,调试维护工作量大,急需在真实智能制造数字化工厂施工之前,在一个软件环境里模拟一种或多种生产线硬件系统的配置性能,实现虚拟世界到真实世界的无缝转化,降低整改成本。因此有必要在生产线正式生产、安装、调试之前利用虚拟的软件环境对生产线进行模拟调试,解决生产线的规划、干涉、PLC逻辑控制验证等问题,在综合加工设备、物流设备、智能工装、控制系统等各种现实的客观因素中全面评估生产线建设的可行性。

任务 1.2　智能制造生产管控实训系统构成

教学课件:
任务 1.2

汇博智能制造生产管控实训系统主要由智能制造生产管控实训平台、机电一体化虚拟调试软件和汇博智能制造 MES 系统软件组成。

1.2.1　智能制造生产管控实训平台

智能制造生产管控实训平台是集数字化设计、机电概念设计和虚拟调试等先进技术于一体的多功能教学、实训和考核设备,主要由 PLC 电气控制系统、工业机器人系统、数控系统、虚拟仿真系统和生产管控系统等组成。该平台基于可视化技术开发,能够实现智能制造场景的虚拟化,具备智能制造虚拟场景、工业机器人、数控系统、MES 系统和 PLC 的真实数据交互功能。智能制造生产管控实训平台采用 TCP/IP 协议采集工业机器人的数据,采用 OPC UA 协议采集 PLC 数据,通过数据驱动新模型,实现工业机器人、PLC、HMI 的虚拟调试,以及智能制造系统综合应用的虚拟调试。

微课:
智能制造生产
管控实训系统
构成

智能制造生产管控实训平台主要由四个独立的模块组成,基本涵盖了智能制造常用的 PLC 控制、工业机器人控制、数控机床控制和 MES 生产管理等关键的典型功能应用,如图 1-2 所示。

四个模块依次为数控虚拟调试模块、系统虚拟调试模块、综合实训调试模块、智能制造系统生产管控模块。其中,数控虚拟调试模块、系统虚拟调试模块、综合实训调试模块分别采用独立的网孔板柜体结构,便于功能应用扩展和创新开发设计。此外,该平台还配有选配模块,选配模块包含扩展执行模块(4 种扩展板)、按钮盒模块、RFID 模块、视觉检测模块,可与其他模块灵活组合,以达到不同的实训效果。

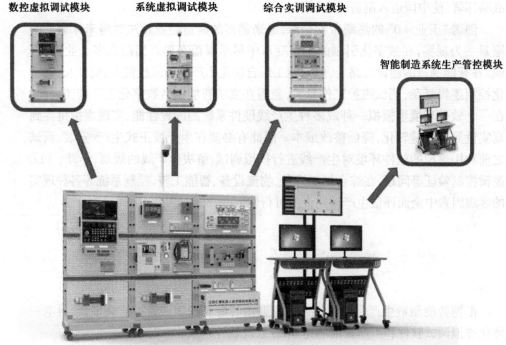

图 1-2　智能制造生产管控实训平台

（1）数控虚拟调试模块。该模块主要包含网孔板控制柜、数控加工中心操作系统（含数控加工中心操作面板与加工中心数控系统、CAD/CAM 数字化设计软件、机电一体化虚拟调试软件、数字化生产线设计与仿真软件）和系统驱动板等。

数控虚拟调试平台配置真实机床系统及操作面板，通过真实的编程操控终端，结合虚拟调试软件创建的虚拟加工场景，数字化设计软件完成工件的设计与加工路径规划，生成适用于真实加工系统的加工程序，通过虚实结合的方式模拟工件生产加工过程，加深学生对智能制造系统的认知和理解，提高智能制造系统的应用实训效果。并且通过系统虚实结合的实训理念，便于开展多人教学与实训，还可有效降低实训成本与风险，提高安全性和可实施性。

（2）系统虚拟调试模块。该模块主要包含网孔板控制柜、PLC 电气控制板、工业机器人控制板、智慧管理交互终端、智慧管理系统、系统驱动板和设备监控摄像头等。该模块可实现基于 PLC 的虚拟仿真与虚拟调试实训以及工业机器人应用工作过程中的虚拟调试与仿真实训。

（3）综合实训调试模块。该模块主要包含网孔板控制柜、综合执行板、丝杆模块和综合驱动板等。该模块可进行伺服、步进、直流、三相电动机控制和直线模组的实训。通过实训学生可了解工业生产中最基本的旋转和直线运动，掌握 4 种电动机的控制方式以及直线模组的运动原理。除此之外，通过学习，学生还可以掌握工业应用中常见传感器的原理与使用方法。

(4) 智能制造系统生产管控模块。该模块主要包含两套计算机与桌椅、电子看板和智能制造生产管理实训系统等。智能制造生产管理实训系统是位于上层的计划管理系统与底层的工业控制之间的面向车间层的信息化管理系统,对从订单下达到产品完成的整个生产过程进行监控与管理,在工业 4.0 生产技术背景下,推动智能制造,构建智能工厂、智能生产、智能物流和智能服务体系。

1.2.2　机电一体化虚拟调试软件

机电一体化虚拟调试软件(NX MCD)适用于机电一体化产品的概念设计。NX MCD 可对机电一体化产品进行 3D 建模、仿真、虚拟调试等。NX MCD 支持功能设计方法,可集成上游和下游工程领域,包括需求管理、机械设计、电气设计以及软件自动化工程;可加快涉及机械、电气和软件设计多学科产品的开发速度,使这些学科能够同时发挥作用;可实现创新性的设计技术,帮助机械设计人员满足日益提高的设计要求,不断提高机械的生产效率、缩短设计周期和降低成本。

(1) NX MCD 提供易于使用的建模和仿真功能,具备机、电、气、液控制系统模型的设计功能。可在开发的最初阶段迅速创建并验证备选概念,帮助检测并纠正错误。NX MCD 中的仿真功能可以基于数字化模型将实际物理行为引入虚拟环境,借助优化的现实环境建模,只需几步即可迅速定义机械概念和所需的机械行为,对一系列行为进行仿真,包括运动学、动力学、碰撞、驱动器弹簧、凸轮、物料流等。

(2) NX MCD 提供液压系统、气动系统、凸轮传动、常用机电控制模型、电动机驱动等各类控制系统库,具备开放的建库能力及高级元件二次开发功能,能够根据客户的实际需求,由工程师定制开发所需要的专业元件库。

(3) NX MCD 支持虚拟调试,能与 PLC 和伺服器硬件实时仿真联动,虚实结合,软硬结合,推动教育数字化转型,引领教育新理念,创造教育新环境,实现沉浸式教学体验,丰富教学场景,提高教学效率,减少教具损耗,增强教育安全性。

(4) NX MCD 能与三维设计软件、机电一体化设计软件、机构运动学和动力学分析软件、有限元结构分析软件等集成,与其设计的对象模型进行实时仿真联动;可与 ABB RobotStudio、KEBA KeStudio、西门子 PLCSIM Advanced 等仿真软件配合使用,实现设备的虚拟调试与仿真,提升学生对工业机器人、PLC、数控机床等设备的编程及实操能力。基于 NX MCD 的智能制造单元虚拟调试案例如图 1-3 所示。

1.2.3　汇博智能制造 MES 系统软件

汇博智能制造 MES 系统软件界面美观整洁、规范、可操作性强。在整个生产环节中对生产线各设备进行协调和调度,确保整个智能制造系统生产流程安全有序地进行。汇博智能制造 MES 系统软件(简称 MES 软件)在智能制造系统中的作用贯穿生产的整个过程:首先利用该软件创建订单任务,然后 MES 软件发出命令,对加工系统进行初始化复位,再对料库待加工工件情况进行盘点,盘点完成后启动加工系统。运行过程中,MES 软件在进行运行状态监控的同时,会对运行数据进行

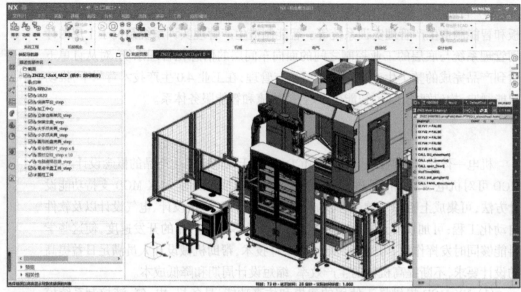

图1-3 基于NX MCD的智能制造单元虚拟调试案例

记录与分析,并根据生产情况和设备运行状况适时下达命令,在系统故障时给出提示与警报。MES软件可按照"上传程序及创建订单→料库盘点→复位→启动→下发订单→检测及返修"流程操作运行。汇博智能制造MES系统软件界面如图1-4所示。

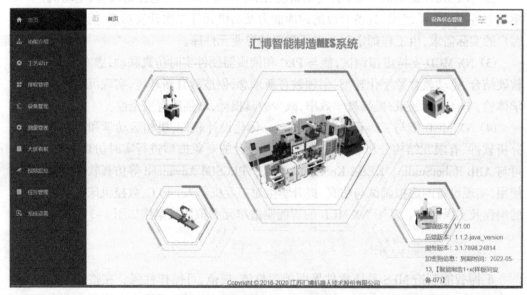

图1-4 汇博智能制造MES系统软件界面

1. 工艺设计

工艺设计界面主要由EBOM和PBOM界面组成。

EBOM是产品设计阶段输出的产品结构清单,包括产品名称、产品结构和明细表等信息,这些信息是产品后续生产工艺所需产品数据的基础。在 MES 软件中,可从 ERP 中下载当前产品的标准图纸信息,EBOM 设计物料清单通过读取图纸信息自动生成。MES 软件也允许手动完善相关产品的结构信息。

PBOM 是以 EBOM 中的数据为依据,制订生产工艺计划、工序信息和生产计划的 BOM(物料清单)数据。在 MES 软件中制定产品 PBOM 时,针对不同的配件需制订不同产品的工艺路径,完善自制配件的工艺信息。

2. 排程管理

排程管理界面主要由订单管理、料仓管理、手动排程、自动排程、产品装配与程序管理界面组成。

订单管理界面是根据实际生产需求而建的,用户可以对订单进行新增、修改、编辑和删除等操作。

料仓管理界面主要负责与订单相关各仓库的盘点功能,绑定解绑相关订单的工件毛坯料,从而生成订单,用于后续的订单下发。

手动排程界面是将细分的工序,以甘特图的方式推送到排产界面,操作人员可对相关工序进行操作,包括工序的删减、完成的工时和工序的排产顺序的调整。

自动排程界面根据待排产的工单工艺路径、设备产能、运行状态等因素自动寻优,找出最优的排产结果。

3. 设备管理

设备管理界面主要由总控操作、加工中心和工业机器人界面组成。

总控操作界面可以用来对设备进行启动、停止和复位操作。启动的条件是加工流程为初始状态;复位的条件是加工流程为停止状态。正确的总控操作流程为:停止—复位—启动。

加工中心界面主要用于显示加工中心当前的状态和数据,包括运行状态、工作模式、进给倍率、主轴转速、程序编号、机床坐标 X、机床坐标 Y 和机床坐标 Z 等信息。

工业机器人界面主要用于显示工业机器人当前的状态和数据,包括运行状态和关节 1~ 关节 7 的轴数据。

4. 测量管理

测量管理界面主要由机内测量和测量管理界面组成。测量管理界面用来设置标准的尺寸信息,便于在检测和返修界面查看工件和理论设定的值之间的关系,以此来决定是否需要将工件重新加工。

5. 大屏看板

大屏看板界面主要由生产统计和数据看板界面组成。生产统计界面可以查看当前订单下的设备利用率、零件的合格率和当天加工零件数。数据看板界面可以同时对多个设备的工作状态进行实时监测。

6. 视频监控

视频监控界面主要由视频查看和相机配置界面组成。视频查看界面可通过摄像头实时监控设备的运行状况,并将视频保存到本地或云端。

7. 任务管理

任务管理界面主要由任务接收和任务提交界面组成,主要用于考核和比赛。任务接收界面用表格来显示本工位的考题或赛题,可以下载。任务提交界面用来操作选手赛题,选手可以将题目上传到服务器,也可以删除和下载题目。

8. 系统设置

系统设置界面主要由网络拓扑、加工工具、加工设备、基础服务、设备测试和日志管理界面组成。网络拓扑界面显示设备之间通信方式,加工工具界面可以用于定义加工的刀具,加工设备界面用于定义实际智能制造系统的设备,设备测试界面用于测试设备之间的通信状态,日志管理界面记录了加工系统的运行信息,可通过日志追溯加工过程。

任务 1.3 智能制造生产管控实训系统运行

智能制造生产管控实训系统预置了演示环境,可以通过加载虚拟调试环境、运行工业机器人程序、启动数控系统、启动 MES 软件和使用 MES 软件进行生产管控等操作,实现基于 NX MCD 的智能制造系统加工与装配。

智能制造生产管控实训系统操作演示流程如图 1-5 所示。

图 1-5 智能制造生产管控实训系统操作流程

1.3.1 加载虚拟调试环境

打开 NX MCD 演示工程并播放,操作步骤如表 1-1 所示。

表 1-1　打开并播放演示工程

步骤	操作说明	示意图
1	启动计算机,打开演示工程文件夹,双击加载"0-Znzz1X(网孔版应用编程).prt"	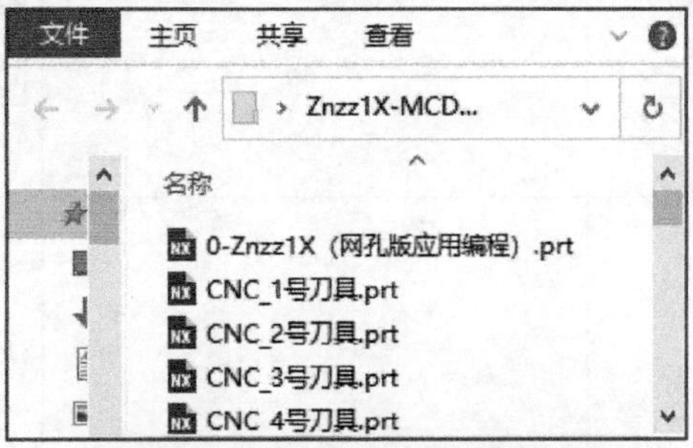
2	单击"主页"选项卡下"仿真"选项组中的"播放"按钮,运行工作站	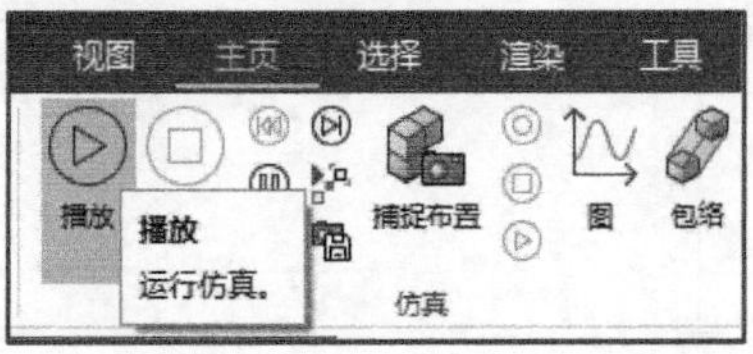

1.3.2 运行工业机器人程序

加载并运行工业机器人程序,操作步骤如表 1-2 所示。

表 1-2　运行工业机器人程序

步骤	操作说明	示意图
1	打开虚拟调试模块主电源,等待工业机器人系统启动完成,从示教器加载"Work"项目中的主程序"Main"	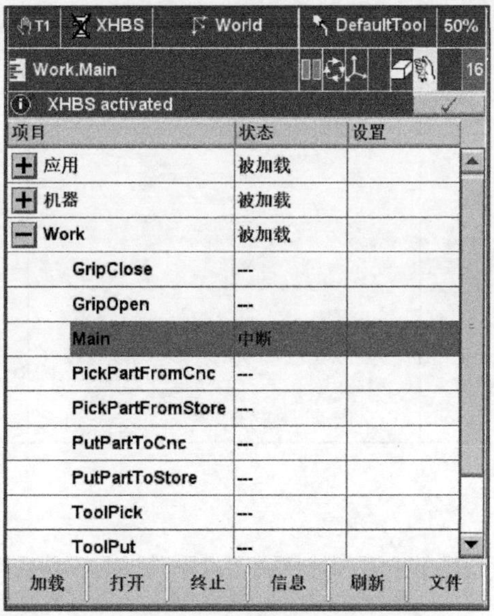

步骤	操作说明	示意图
2	调整工业机器人速度为80%	(示意图：操作界面，显示 T1 XHBS World DefaultTool 80%，Work.Main，XHBS activated，Main STEP 行 2，CALL ToolPick())
3	切换运行模式为"A"（自动模式），单击"PWR"（使能）按钮。单击"Start"（运行）按钮，自动运行工业机器人程序	(示意图1：操作界面，显示 A XHBS World DefaultTool，Work.Main，XHBS activated，Main CONT 行 2，CALL ToolPick()，3 CALL PickPartFromStore()，4 CALL PutPartToCnc()，5 CALL PickPartFromCnc()，6 CALL PutPartToStore()，7 CALL ToolPut()，8 >>>EOF<<<；右侧 RUN ERR PWR，Start Stop，F1 Jog，F2 Step，F3 PWR) (示意图2：操作界面，显示 A XHBS crs1 DefaultTool 80%，Work.Main，XHBS activated，PutPartToStore CONT 行 3，2 RefSys(crs1)，PTP(Store1Home)，4 Transit := Store1Pos1，5 Transit.z := Transit.z + 30，6 Transit.y := Transit.y -80，7 PTP(Transit)，8 WaitTime(1000)，9 WaitIsFinished()，10 Transit := Store1Pos1，11 Transit.z := Transit.z + 30，12 Lin(Transit)，13 WaitTime(1000)，暂停)

1.3.3　启动数控系统

数控系统的加工程序上传由 MES 软件完成,这里仅需启动数控系统,操作步骤如表 1-3 所示。

表 1-3　启动数控系统

步骤	操作说明	示意图
1	打开数控虚拟调试模块主电源,按下加工中心面板上的"NC 启动"按钮,等待系统启动	
2	开机后,等待系统加载,直到出现报警界面。若系统无其他异常,则只显示"参数写入开关处于打开"报警信息	
3	按下"RESET"按钮,清除机床报警	
4	"方式选择"旋钮旋转到"自动循环"位置	

1.3.4　启动 MES 软件

MES 软件运行需启动相关服务并登录,操作步骤如表 1-4 所示。

表 1-4　启动 MES 软件

步骤	操作说明	示意图
1	用鼠标右键单击(简称右击)"Mes. Base.Server"快捷方式,在弹出的下拉菜单中选择"以管理员身份运行(A)"	
2	右击"ReStartMES"快捷方式,在弹出的下拉菜单中选择"以管理员身份运行(A)"	
3	双击"HB-MES"快捷方式	
4	进入汇博智能制造 MES 系统登录界面,用户名、密码均为"admin",输入后单击"立即登录"按钮	

1.3.5　使用 MES 软件进行生产管控

产品生产管控流程包括在 MES 软件中录入产品信息、创建产品生产订单、选择自动排程、订单下发,进行产品生产。具体操作步骤如表 1-5 所示。

表 1-5　使用 MES 软件进行生产管控

步骤	操作说明	示意图
1	打开"EBOM"界面,新增产品"关节"及其配件"法兰""减速器""电机"和"基座",设定装配顺序,其中"基座"为自制件	
2	打开"PBOM"界面,选中需自制的配件"基座",创建基座加工的完整工艺过程	
3	在"订单管理"界面创建关节产品生产订单	
4	打开"料仓管理"界面,选择"仓库 1 号",然后选择该仓库的 2 号仓位,将基座工艺信息与仓库仓位号绑定	

步骤	操作说明	示意图
5	打开"总控操作"界面,依次执行"停止""复位""启动"命令。命令执行完成后,MES软件处于待机状态,等待工单下发	
6	打开"自动排程"界面,单击"开始自动排程"按钮,MES软件通过自动排程的方式执行订单的下发任务	

项 目 拓 展

通过智能制造生产管控实训系统认知项目的学习,初步了解智能制造系统,熟悉智能制造生产管控实训系统构成,掌握智能制造生产管控实训系统的运行,从而为后续项目的学习奠定扎实的基础。

智能制造生产管控实训系统实训项目如图1-6所示。

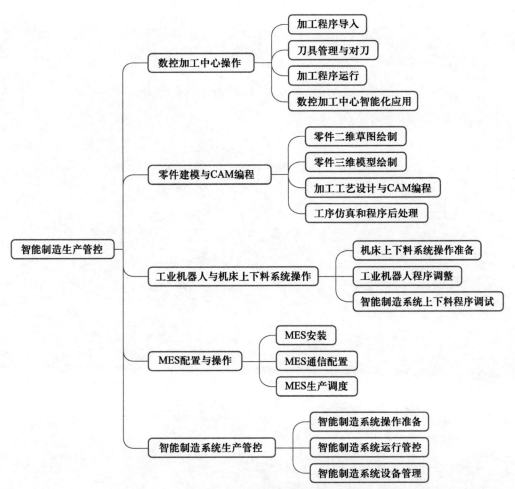

图 1-6　智能制造生产管控实训系统实训项目

项目二　数控加工中心操作

证书技能要求

智能制造生产管理与控制职业技能等级要求(初级)	
2.2.1	能够根据安全规程,正确启动、停止数控机床设备,安全操作数控机床设备
2.2.2	能够根据操作手册,手动操作数控机床设备,完成数控机床设备的对刀
2.2.3	能够根据工作任务要求,手动编写并调试数控机床设备的加工程序

项目引入

以大数据、云计算、物联网等新一代信息技术为核心的智能制造是第四次工业革命的核心组成部分,是我国传统制造业转型升级的关键。智能制造贯穿产品的设计、生产和维护等全生命周期,而生产过程中,数控加工中心以其综合加工能力强、加工精度高等特点,成为智能制造的关键环节之一,熟练操作数控加工中心将提高产品生产效率和产品质量。

本项目以汇博数控加工中心为主体,包括加工程序导入、刀具管理与对刀、加工程序运行和数控加工中心智能化应用4个任务,通过学习FANUC 数控系统面板操作、FANUC 数控系统基础操作、参数应用等基础知识,完成电机转子零件的加工,并实现智能制造过程的自动调度、信息的收集。

知识目标

1. 了解加工程序导入方法
2. 了解数控加工中心坐标系类型及其意义
3. 了解加工程序 G、M 代码及其功能
4. 掌握数控加工中心的基础操作
5. 掌握数控加工中心的换刀和对刀方法
6. 掌握数控加工中心程序的加载、运行与停止方法
7. 掌握数控加工中心对工件的加工方法

能力目标

1. 能够正确启动数控加工中心
2. 能够正确使用工具,将加工程序导入数控加工中心
3. 能够正确操作数控加工中心完成手动装刀和自动换刀
4. 能够正确操作数控加工中心完成工件加工对刀
5. 能够正确设定加工坐标系
6. 能够正确操作数控加工中心完成加工程序的加载、运行和停止
7. 能够根据要求正确修改加工程序
8. 能够根据工件加工效率,调整和优化加工参数

平台准备

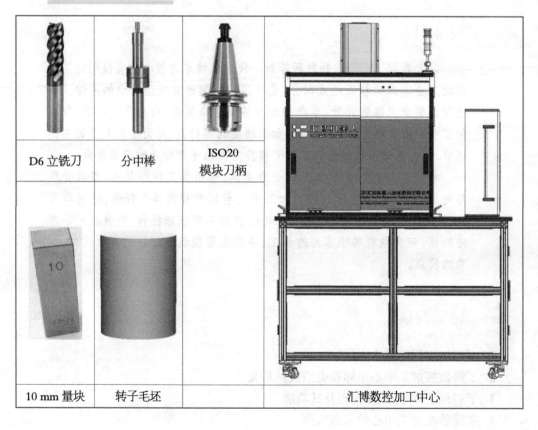

D6 立铣刀	分中棒	ISO20 模块刀柄	
10 mm 量块	转子毛坯		汇博数控加工中心

任务 2.1 加工程序导入

任务提出

加工中心的运行是通过读取、解析加工程序完成的。加工程序的生成有手动编程和计算机软件编程两种方式。手动编程主要用于加工简单形状的零件(如圆柱体、锥体),或复杂形状零件中形状有规律、形状变化不大的零件(如椭圆)。计算机软件编程适用于加工几何形状复杂的零件(尤其是空间曲面组成的零件),以及几何元素不复杂但需编制的程序量很大的零件(这种零件的形状变化没有规律,或形状变化很大且很频繁,用手动编程很麻烦且很容易出错)。对于常用的基于 **CAM** 计算机辅助制造生成的加工程序而言,程序导入是起始过程。程序通过某种方式由计算机移动至加工中心的过程称为程序导入,导入的程序存储在加工中心系统内部的程序存储区。

本任务通过学习加工程序导入方式、FANUC 系统操作面板和加工中心基础操作等知识,完成加工中心启动、数据传输通道修改和 U 盘导入加工程序的任务流程。

知识准备

2.1.1 加工中心安全操作注意事项

1. 着装要求

在操作加工中心前,穿好工作服,戴好安全帽,佩戴护目镜,穿好电工鞋。扎紧袖口,衬衫系入裤内,长发必须戴发套并将其纳入安全帽内,不得穿戴凉鞋、拖鞋、高跟鞋、背心、裙子、围巾和手套操作加工中心。加工中心操作员规范着装如图 2-1 所示。

2. 加工中心运行前准备

加工中心运行前,要检查加工中心电气控制系统是否正常,工件、夹具及刀具是否已夹持牢固,然后慢速空转 3~5 min,检查各传动部件是否正常,确认无故障后,才能正常使用加工中心。

1—安全帽 2—护目镜 3—工作服 4—电工鞋
图 2-1 加工中心操作员规范着装

3. 加工过程中注意事项

(1) 加工零件时,必须关上防护门,禁止将头、手伸入防护门内,加工过程中严禁打开防护门。

(2) 加工过程中,操作人员不得擅自离开机床,并且应保持注意力高度集中,时刻观察加工中心的运行状态。若发生异常现象或事故时,应立即终止加工程序,退出加工。

4. 加工中心关机注意事项

加工中心关闭前,移动各轴回到原点位置,按下"急停"按键。按下操作面板关机键后,关闭设备总电源,清除切屑,擦拭机床,使机床及周边环境保持清洁状态。

微课:
加工程序导入
的常用方式

2.1.2 加工程序导入的常用方式

FANUC 数控系统支持的加工程序导入方式有三种:CF 卡传输、USB 传输和程序传输工具传输。

1. CF 卡传输

FANUC 数控系统操作面板上配有 PCMCIA 接口,使用 CF 卡传输程序时需要和使用该接口的 CF 卡读卡器配合使用,如图 2-2 所示。CF 卡稳定且兼容性广,能高速读取。使用 CF 卡传输程序时,需将系统 I/O 通道接口设定为"4"。

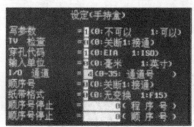

(a) CF卡读卡器   (b) I/O通道设置为"4"

图 2-2 CF 卡传输

2. USB 传输

FANUC 数控系统操作面板上具有 USB 接口。使用 U 盘传输程序时,将 U 盘插入操作面板上的 USB 接口处,如图 2-3 所示。U 盘传输方式操作简单,且兼容性好。使用 U 盘传输程序时,需将 I/O 通道接口设定为"17"。U 盘格式应为 FAT32,容量限制在 8 GB 以下。

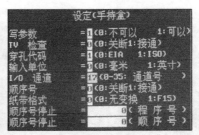

(a) USB接口 (b) I/O通道设置为"17"

图 2-3 USB 传输

3. 程序传输工具传输

程序传输工具软件是 FANUC 提供的一种计算机与加工中心之间进行加工程序和数据的互传的传输工具，可以实现加工程序、刀具信息、宏变量等数据传输功能，如图 2-4 所示。

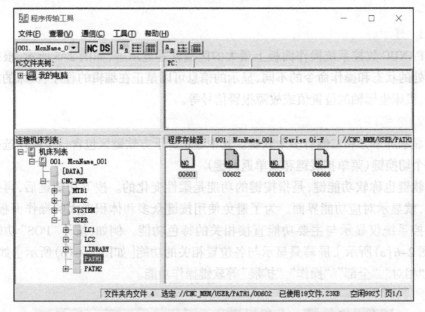

图 2-4 FANUC 程序传输工具软件

2.1.3 FANUC 数控系统操作面板

FANUC 数控系统操作面板主要由显示屏、软键区和功能按键区组成，如图 2-5 所示。

微课：
FANUC 数控系统操作面板

1—显示屏　2—软键区　3—功能按键区

图 2-5　FANUC 数控系统操作面板

1. 显示屏

FANUC 数控系统操作面板上最大的区域就是显示屏,如图 2-5 所示,根据系统所处的状态和操作命令的不同,显示的信息可以是正在编辑的程序、机床的加工状态、机床坐标轴的位置值或故障报警信号等。

2. 软键区

显示屏下方和右侧有多个软键。其中显示屏下方软键区包含一个操作选择键和两个切换键(菜单扩展键和菜单返回键)。

软键也称软功能键,是指按键的功能是柔性变化的。按下功能键后,再按下软键,就显示对应功能界面。为了避免使用按键众多和体积庞大的操作面板,现代数控系统仅显示与主要功能直接相关的特色功能。例如,按下"POS"功能键[如图 2-6(a)所示],屏幕只显示与各位置相关的功能[如图 2-6(b)所示],如"绝对""相对""全部""操作""扩展"等软键操作功能。

(a) 位置功能键

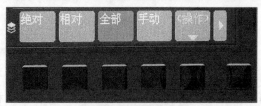
(b) 功能键对应软键功能

图 2-6　软键功能

3. 功能按键区

FANUC 数控系统操作面板的功能按键区包含了字符输入键、系统功能键、光标移动键、翻页键和复位键等重要功能按键,如表 2-1 所示。

表 2-1 功能按键说明

序号	图标	名称	说明
1	O_P N_Q G_R 7_A 8_B 9_C / X_U Y_V Z_W 4_[5_] 6_SP / M_I S_J T_K 1, 2_# 3_= / F_L H_D EOB_E -_+ 0. ·_/	字符输入键	字符输入键可以输入机床能够使用的所有字符和数字 字符输入键具有两个功能,较大的字符为该键的第一功能,即按下该键可以直接输入该字符;较小的字符为该键的第二功能
2	SHIFT	字符功能切换键	输入字符输入键的小字符时,先按下"SHIFT"键,然后再按该字符输入键,即可输入较小的字符
3	EOB E	回撤换行键	结束一行程序的输入并且换行
4	POS	位置功能键	显示各种位置画面,包括绝对坐标、相对坐标和全部坐标
5	PROG	程序功能键	查看程序目录和加工程序。在程序编辑方式下,可以编辑程序;在自动循环方式下,可在屏幕上监视当前装载的程序,也可以查看正在运行和下一个将要运行的程序段
6	OFS/SET	偏置/设定功能键	可进行加工参数偏置、设定和选择工件坐标系

序号	图标	名称	说明
7	SYSTEM	系统功能键	查看系统参数、诊断和 PMC 画面
8	MESSAGE	信息功能键	显示报警信息和报警履历 机床故障排除后,需按复位键以清除报警显示
9	CSTM/GR	用户宏和图形模拟键	查看系统宏程序和刀具轨迹的图形化显示
10		光标移动键	控制光标移动
11	PAGE PAGE	翻页键	用于将屏幕显示的页面翻页
12	RESET	复位键	按下该键可以使加工中心加工运行停止、复位或者取消报警等

2.1.4　加工中心控制面板

机床控制面板由机床厂家设计并制作,以适应不同的数控机床,它将体现这台数控机床绝大部分的功能。汇博数控加工中心使用的加工中心控制面板如图 2-7 所示。

微课:
加工中心控制
面板

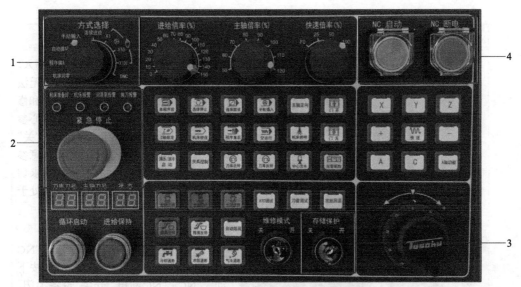

1—方式选择旋钮　2—紧急停止按钮　3—存储保护　4—设备启动、断电开关

图 2-7　控制面板

加工中心控制面板的方式选择旋钮、紧急停止按钮、存储保护、设备启动、断电开关说明如表 2-2 所示。

表 2-2　面 板 说 明

序号	图标	名称	说明
1		"方式选择"旋钮	加工中心通过旋钮切换不同模式从而启用对应的功能方式选择分为手动方式和自动方式。手动方式包括手轮、连续进给、机床回零;自动方式包括程序编辑、自动循环、手动输入和在线加工方式。任何时候都只有一种方式选择有效
2		"紧急停止"按钮	用于处理紧急情况,如加工运动异常、不安全操作等。按下紧急停止按钮后,加工中心在任何情况下都会停止运行。解除危险后,顺时针旋转紧急停止按钮即可解除紧急停止状态

序号	图标	名称	说明
3	存储保护 关　　　开	"存储保护"旋钮	用于控制加工中心参数写入。当其处于"开"位置时,无法修改系统参数、写入数据和修改程序,可防止对加工中心参数及程序的误操作;处于"关"位置时,可以自由修改任意参数。使用钥匙可根据需求切换其状态,一般情况下其处于"关"位置
4	NC 启动　　NC 断电	"NC 启动""NC 断电"开关	在设备接通电源后,按下"NC 启动"开关,设备启动;按下"NC 断电"开关,设备关闭。为防止设备出现故障,设备必须处于停止状态才可以按下"NC 断电"开关

任务实施

微课:
加工中心启动

2.1.5　加工中心启动

操作加工中心前必须穿戴好工作服、安全帽等,操作加工中心启动操作步骤如表 2-3 所示。

表 2-3　操作加工中心启动操作步骤

步骤	操作说明	示意图
1	打开主电源,按下加工中心面板上的"NC 启动"开关,等待加工中心启动	NC 启动　　NC 断电
2	开机后,等待系统加载,直到出现报警界面。若系统无其他异常,则只显示"参数写入开关处于打开"报警信息	报警信息 SW0100 参数写入开关处于打开

步骤	操作说明	示意图
3	检查"存储保护"旋钮,如其处于"开"位置,将其转至"关"位置	
4	按下"RESET"按钮,清除机床报警	
5	直到提示无报警,即开机完成	

2.1.6 数据传输通道修改

传输加工程序时,需要将加工中心的数据传输通道修改成对应工具传输通道号,操作步骤如表2-4所示。

微课:
数据传输通道
修改

表2-4 修改数据传输通道号

步骤	操作说明	示意图
1	将"方式选择"旋钮转至"手动输入"	

步骤	操作说明	示意图
2	按下"OFS/SET"按钮,进入偏置/设定功能界面	
3	按下"设定"功能下方对应的软键,进入"设定(手持盒)"界面	
4	按上下方向键移动光标至"I/O通道"。使用数字键盘输入"17",按下"INPUT"键录入	
5	"I/O通道"号由"0"改为"17"	

2.1.7 U盘导入加工程序

将存储加工程序的U盘插入加工中心控制面板的USB接口,然后将加工程序从源位置复制到目标位置。导入加工程序的操作步骤如表2-5所示。

表2-5　U盘导入加工程序

步骤	操作说明	示意图
1	将加工程序保存至U盘,然后将其插入加工中心控制面板的USB接口	
2	将"方式选择"旋钮转至"程序编辑"	
3	按下"PROG"键,进入程序界面	
4	按下"目录"功能下方对应的软键,进入程序目录界面	
5	程序目录界面显示加工中心系统存储器存储的程序	

步骤	操作说明	示意图
6	按下"操作"功能下方对应的软键,切换菜单显示	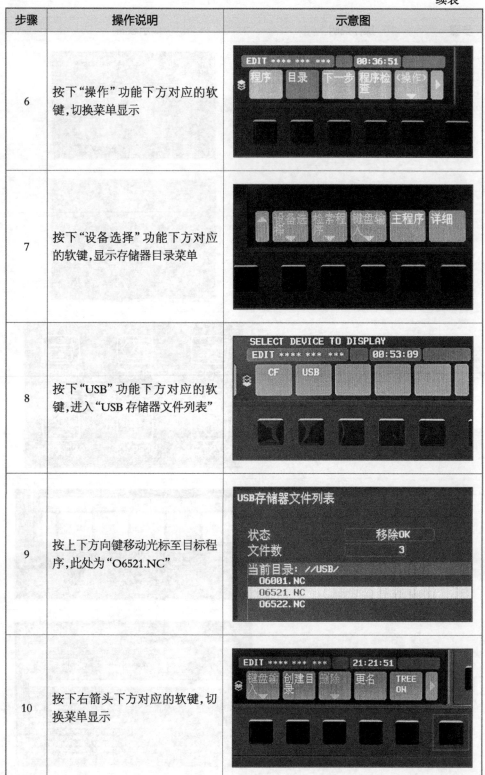
7	按下"设备选择"功能下方对应的软键,显示存储器目录菜单	
8	按下"USB"功能下方对应的软键,进入"USB 存储器文件列表"	
9	按上下方向键移动光标至目标程序,此处为"O6521.NC"	
10	按下右箭头下方对应的软键,切换菜单显示	

步骤	操作说明	示意图
11	按下"选择"功能下方对应的软键,进入选择功能菜单	
12	按下"复制"功能下方对应的软键,对目标程序进行复制操作。复制操作完成后,显示菜单会自动跳转至上一级菜单界面	
13	按下上箭头下方对应的软键。返回操作前菜单	
14	此时回到程序目录操作界面。按下"操作"功能下方对应的软键,重复设备选择操作,进入设备选择界面	
15	按下"CNC MEM"功能下方对应的软键,进入加工中心系统存储目录	

步骤	操作说明	示意图
16	按下右箭头下方对应的软键,切换菜单显示	:D11 ***** *** *** 01:25:12 创建程序 创建目录 删除 更名 TREE ON
17	按下"粘贴"功能下方对应的软键,将已复制的程序粘贴入系统目录	选择 粘贴
18	在系统目录下查看程序 O6521,若显示存在,则程序传输完成	当前目录:∥CNC_MEM/USER/PATH1/ O0721 O0722 O0728 O6001 O6002 O6009 O6521 O6666 O6801

任务 2.2　刀具管理与对刀

任务提出

教学课件:
任务 2.2

　　工件固定在加工中心夹具上,通过对刀确定工件在加工中心上的正确位置,以便与机床原有的坐标系联系起来。对刀操作包含三方面内容:第一是刀具上的刀位点要与对刀点重合;第二是在编程原点与机床原点之间建立对应联系;第三是通过数控代码指令确定刀位点与工件坐标系的位置。

　　对于复杂的零件加工,需要多把刀具才能完成加工。加工中心设置有刀库,刀库中存放着不同数量、不同类型的刀具或检具,根据不同的加工工艺,在加工过程中由程序自动选用和更换对应种类、规格的刀具,组装成完整刀具,根据程序设计,将刀具安装到对应刀库中。

　　本任务通过对刀具设定及手动操作加工中心对刀的学习,了解刀具组成、加工中心刀库、加工中心坐标系类型及其意义、加工中心对刀方式及加工中心基础操作等知识,完成组装刀具、手动安装刀具及换刀和操作加工中心对刀的任务流程。

知识准备

2.2.1 加工中心刀具与刀柄

刀柄是机床与刀具的连接体。加工中心主轴内部的夹持机构固定刀柄（如图2-8所示），刀具安装在刀柄上，通过主轴旋转传递运动及扭矩使刀具完成切削。

数控加工中心刀具系统由刀柄、刀具组成。数控机床刀具－刀柄的结构形式分为整体式与模块式两种。整体式结构其刀柄装夹刀具的工作部分与它在机床上安装定位用的柄部是一体的，此种刀柄的利用率较低。模块式结构是一种较先进的刀具系统，其每把刀柄都可通过各种系列化的模块组装而成。数控机床刀具－刀柄多数采用7∶24圆锥工具刀柄，并采用相应形式的拉紧结构与机床主轴相配合，如图2-9所示。

微课：
加工中心刀具、
刀柄与刀库

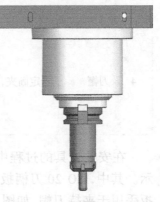

图2-8　主轴装夹刀柄

图2-9　模块式刀具系统

完整的刀柄由拉钉、刀柄主体、筒夹和刀帽组成，如表2-6所示。刀柄可根据刀具直径、用途选择对应的刀柄主体、筒夹和刀帽。刀具的选择则由加工中心转速、切削毛坯的材质、切削进给速度、刀具功能共同决定。

表2-6　刀柄组成

编号	名称	说明	示例
1	拉钉	拉钉是带螺纹的零件，它常固定在各种工具柄的尾端。机床主轴内的拉紧机构借助拉钉把刀柄拉紧在主轴中。数控机床刀柄有不同的标准，机床刀柄拉紧机构也不统一，拉钉有多种型号和规格	
2	刀柄主体	刀柄的主体，本项目使用的刀柄为ISO 20标准刀柄	

编号	名称	说明	示例
3	筒夹	筒夹用于固定刀具。刀具的外径与筒夹的内径匹配(例如,7~8 cm 的筒夹配合 7.5~8 cm 的刀具),筒夹的外径与刀柄内径匹配(例如,ISO 20-ER16-35MS 配合 ER16 的筒夹)	
4	刀帽	固定筒夹,应与刀柄同一规格	

在安装刀具的过程中,需要用到 ISO 20 标准刀柄专用扳手,如图 2-10 所示。其中,ISO 20 刀柄扳手用于夹持刀柄,如图 2-10(a)所示。ER16MS 刀帽扳手用于夹持刀帽,如图 2-10(b)所示。使用时,将扳手卡入刀柄或刀帽对应的卡槽中。

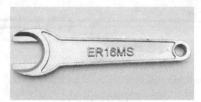

(a) ISO 20刀柄扳手   (b) ER16MS刀帽扳手

图 2-10　ISO 20 标准刀柄专用扳手

2.2.2　加工中心刀库

刀库系统是加工中心自动化加工过程中储刀和换刀的一种装置,主要由刀库和换刀机构构成。刀库主要提供储刀位置,通过程序控制正确选择刀具并加以定位,以进行刀具交换。换刀机构则执行刀具交换的动作。刀库和换刀机构一般同时存在。根据刀库的容量、外形和取刀方式等因素,刀库可以分为斗笠式刀库、圆盘式刀库和链条式刀库,如图 2-11 所示。三种刀库每个装刀位上都有编号,一般从"1"~"12""18""20""24"等,每个刀位旁的编号即为刀位号。

本项目所使用汇博数控加工中心刀库为平面简易 4 位刀库,装刀位及其编号如图 2-12 所示。

(a) 斗笠式刀库

(b) 圆盘式刀库

(c) 链条式刀库

图 2-11　加工中心刀库种类

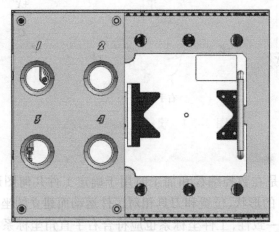

图 2-12　汇博数控加工中心刀库

2.2.3　加工中心坐标系类型及其意义

加工中心坐标系包括机床坐标系和工件坐标系,不同的加工中心其坐标系略有不同,各坐标轴的关系符合右手笛卡儿坐标系准则。在加工中心位置界面,可以查看加工中心坐标位置。加工中心的坐标有三种显示:相对坐标、绝对坐标和机械坐标,如图 2-13 所示。

微课:
加工中心坐标
系类型及其
意义

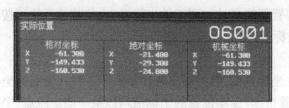

图 2-13　加工中心坐标位置显示

1. 机床坐标系

为了确定机床的运动方向和移动距离,需要在机床上建立一个机床坐标系。

机床坐标系是为了确定工件在机床上的位置、机床运动部件的特殊位置（如换刀点、参考点）以及运动范围（如行程范围、保护区）等而建立的几何坐标系，在加工中心中以机械坐标显示。机床坐标系以加工中心原点 O 为坐标系原点并遵循右手笛卡儿直角坐标系建立的由 X 轴、Y 轴、Z 轴组成的直角坐标系，如图 2-14 所示。机床坐标系是机床上固有的坐标系，机床原点又称为机械原点，该点是机床上的一个固定的点，其位置是由机床设计和制造单位确定的，通常不允许用户改变。如果出现更换轴的丝杠等情况，则应重新设定。

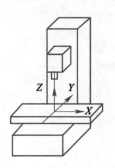 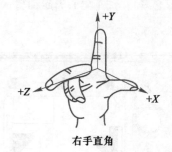 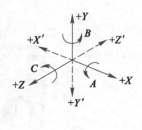

右手直角

图 2-14　机械坐标系方向规定

2. 工件坐标系

工件坐标系是在数控编程和加工时用于确定工件几何图形上各几何要素（点、直线和圆弧）的形状、位置和刀具相对工件运动而建立的坐标系。为保证编程与机床加工的一致性，工件坐标系也应符合右手直角坐标系准则。工件装夹到加工中心上时，应使工件坐标系与机床坐标系的坐标轴方向保持一致。工件坐标系的原点即是工件原点，或称为工件零点。工件原点在工件上的位置虽可任意选择，但最好把工件原点放在工件图尺寸能够方便地转换成坐标值的地方。

一般加工中心的数控系统可以用 G54~G59 设定 6 个工件坐标系，这 6 个工件坐标系的作用是相同的。用 G54~G59 设置工件坐标系时，工件随夹具安装在加工中心上，预先测量出工件坐标系的零点在机床坐标系里的坐标值（工件原点与机床原点间的距离），称为工件原点偏置，并把这个坐标值（偏置值）存放在数控系统坐标偏置画面的相应参数中，编程时再用指令 G54~G59 调用，如图 2-15 所示。在加工时工件原点偏置便能自动加到工件坐标系上，使数控系统可按机床坐标系确定加工时的绝对坐标值。

3. 绝对坐标

在确定工件坐标系后，数控加工程序中表示工件几何点的坐标位置由绝对坐标表示。刀具（或机床）运动位置的坐标值均以某一固定原点（坐标原点）计量的，称为绝对坐标，相应的坐标系称为绝对坐标系。如图 2-16 所示，刀具基于加工原点运动的数值为绝对坐标显示的数值。

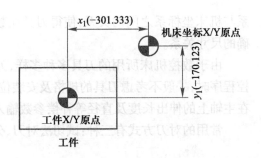

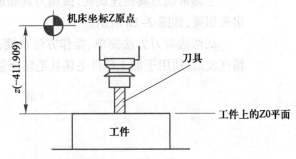

通用	X	0.000	G55	X	0.000
	Y	0.000		Y	0.000
	Z	0.000		Z	0.000
G54	X	−301.333	G56	X	0.000
	Y	−170.123		Y	0.000
	Z	−411.909		Z	0.000

图 2-15　工件原点偏置设定

4. 相对坐标

刀具(或机床)运动位置的轨迹终点坐标值是相对于前一位置(起点)计量的,而不是相对于固定的坐标原点给出的,称为相对坐标,相应的坐标系称为相对坐标系。以机械坐标和工件坐标系为例,如图 2-17 所示,点 A 为机械坐标原点,点 B 为工件坐标系零点,相对坐标的数值为工件坐标系基于机械坐标在加工中心运动时的增量值。

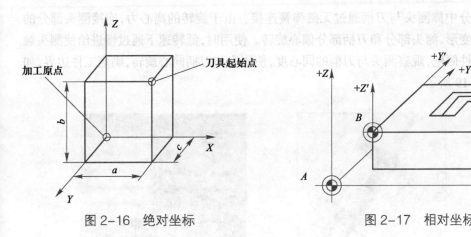

图 2-16　绝对坐标　　　　　　图 2-17　相对坐标

微课:
加工中心对刀
方式

2.2.4　加工中心对刀方式

加工中心加工工件时需要确定加工工件位置,确定工件坐标系,确定工件坐标系与机床坐标系之间的关系,使得刀具在数控程序的控制下相对于定位基准有正确的尺寸关系。

由于数控机床所用的刀具多种多样,刀具尺寸也不统一。在编制加工中心数控程序时,一般不考虑刀具的规格及安装位置,加工前需要通过对刀将测出的刀具在主轴上的伸出长度及直径等补偿参数输入数控系统。

常用的对刀方式有三种:试切法对刀、分中棒对刀和杠杆百分表对刀。

1. 试切法对刀

主轴带动刀具慢速旋转,微调刀具靠近工件,使刀具恰好接触到工件表面但不出现切屑,如图 2-18 所示。

试切法对刀方法简单、操作方便快捷,但会在工件表面留下切削痕迹,且对刀精度较低,适用于加工单件毛坯且毛坯余量充足的情况。

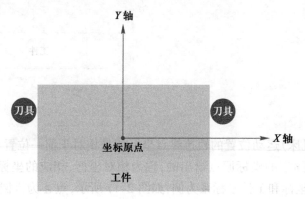

图 2-18 试切法对刀

2. 分中棒对刀

分中棒测头与刀柄通过无磁弹簧连接。由于旋转的离心力,连接测头部分的弹簧变形,测头部分和刀柄部分偏心旋转。使用时,低转速下通过慢进给使测头触碰工件侧壁,观察测头与刀柄的同心度,使测头与刀柄同心旋转,确定工件边界,如图 2-19 所示。

(a) 分中棒 　　　　　(b) 触碰工件侧壁使刀头与刀柄同心旋转

图 2-19 分中棒对刀

分中棒对刀方式快捷、适用范围较广,适用于粗加工或半精加工后的半成品工件。分中棒不适用 Z 方向的对刀,需要更换加工刀具才能完成对刀。

3. 杠杆百分表对刀

杠杆百分表对刀通过观察百分表指针的跳动数值,确定工件原点。使用时将百分表的安装杆装在刀柄或主轴套筒上,使百分表的触头接触工件的圆周面,手动慢慢转动主轴,使百分表的触头沿着工件的圆周面转动,观察百分表指针的转动情况,待转动主轴时百分表的指针基本在同一位置,即可完成对刀,如图 2-20 所示。

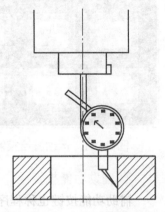

杠杆百分表的对刀精度较高,但操作方法比较复杂,效率较低。适用于精加工后的孔(面)对刀。杠杆百分表对刀不适用 Z 方向的对刀,需要更换加工刀具才能完成对刀。

图 2-20　杠杆百分表对刀

2.2.5　加工中心手动操作

加工中心手动操作包括手动输入程序、运动进给和辅助功能按键操作等。

1. 手动输入程序

手动输入程序可以在不影响存储器中程序的情况下输入并执行程序,即手动输入后立即执行输入的程序段,不存入系统存储器中,通常用于手动换刀、校验位置等。

手动输入程序时,在"手动输入"模式下,进入程序界面,根据应用情况输入对应指令程序。如主轴正转时,输入"M03 S500"。

2. 运动进给

加工中心运动方式有三种:手轮进给、连续进给和机床回零。运动进给控制按键能控制各轴移动,如图 2-21 所示。

手轮进给:将"方式选择"旋钮旋转至手轮模式,对应的"×1""×10""×100"为移动倍率。在运动进给控制按键中,按下"X""Y""Z"中任意一个按键,可以通过手轮(如图 2-22 所示)控制对应轴在正、负方向上的移动。

连续进给:将"方式选择"旋钮旋转至连续进给模式。用于手动快速移动各轴,也称手动快速。按下 X 轴、Y 轴、Z 轴的轴向移动按键后,通过长按"+"或"−"方向键控制各轴正、负方向移动。在单轴运动时,可以同时长按按键区中央"快速"按键,完成机床的快速移动操作。注意:在连续进给模式下,不能进行切削,如果刀具与工件发生接触,则视为碰撞。

机床回零:将"方式选择"旋钮旋转至机床回零模式。配合 X 轴、Y 轴、Z 轴的轴向移动按键,完成原点回归操作。单击单方向轴后,单击"+"方向键,机床自动回到原点位置。

微课:
加工中心手动
操作

图 2-21 运动进给控制按键

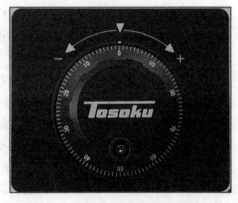

图 2-22 手轮

3. 辅助功能按键操作

辅助功能按键也称程序校验功能键,用于在实际加工之前检查机床是否按程序中指定的要求运行。用 M 代码可实现辅助功能的编程(自动执行),对于需要重复使用的 M 代码功能,可直接使用辅助功能按键,如表 2-7 所示。

表 2-7 辅助功能按键及其说明

编号	图例	说明
1	A	手动控制主轴锁紧松开。注意:只能在手动输入模式下使用
2	夹具控制	手动控制夹具打开、闭合。注意:只能在手动输入模式下使用
3	主轴停止 主轴正转 主轴反转	控制主轴旋转的按钮。依次为主轴停止、主轴正转和主轴反转,手动输入主轴正转指令后,如因其他操作主轴停止运动,按下主轴正转,主轴重新开始正转运动。注意:只能在手动输入程序、连续进给、手轮进给和机床回零这四种模式下使用

📠 任务实施

2.2.6 组装刀柄与刀具

组装刀柄及安装刀具的操作步骤如表2-8所示。

微课：
组装刀柄与
刀具

表2-8 组装刀柄及安装刀具

步骤	操作说明	示意图
1	将 ISO 20 刀柄扳手卡入刀柄对应的卡槽	
2	将拉钉螺钉部分旋入刀柄顶部螺纹,并使用合适的扳手锁紧	
3	将筒夹放入刀柄	
4	将刀帽螺钉部分旋入刀柄部分螺纹	
5	将刀具柄杆部分插入筒夹	
6	使用数控刀柄扳手 ISO 20 卡入刀柄对应的卡槽。ISO 20 扳手保持不动,使用 ER16MS 扳手顺时针旋转至锁紧	

2.2.7 手动安装刀具及换刀

加工前,将所需刀具装入加工中心及更换刀具的操作步骤如表 2-9 所示。

表 2-9　手动安装刀具及换刀

步骤	操作说明	示意图
1	准备好需要的刀具,此处为分中棒刀具、D6 立铣刀具	
2	将加工中心"方式选择"旋钮旋转至"手动输入"	
3	将主轴刀号调整至对应刀号。按下"A"键,打开主轴,松刀	
4	将 D6 立铣刀具顶部推入主轴并顶紧,松开"A"键使主轴锁紧刀柄	

步骤	操作说明	示意图
5	将分中棒刀具手动放入2号刀位	
6	按下"PROG"键	
7	进入程序界面	程序　　　　　　　　　　O0000 N00000
8	使用MDI区键盘输入"M06T02",屏幕右下角程序缓存区就会出现输入的程序	A>M06T02;_　　MDI ***** *** *** 01:54　搜索 替换 ↑搜索 ↓搜索
9	输入完成后按下"EOB"键,添加行结束符	

步骤	操作说明	示意图
10	按下"INPUT"键	
11	程序界面出现换刀指令程序	程序 O0000 M06 T02 %
12	按下"循环启动"键,按下后按键亮绿色灯,程序开始执行,换刀动作开始	循环启动　进给保持
13	换刀操作完成,主轴上刀具由 D6 立铣刀具更换为分中棒刀具	

2.2.8　操作加工中心对刀

使用分中棒刀具通过巡边法确定工件边界。首先在 X 轴上选定一边为原点,再选另一边得出数值,取其一半为 X 轴中点,然后按同样方法找出 Y 轴中点,确定

微课:
操作加工中心
对刀

工件在 XY 平面的加工原点。再更换加工刀具,使用量块确定工件 ZO 平面。加工中心对刀的操作步骤如表 2-10 所示。

表 2-10　加工中心对刀的操作步骤

步骤	操作说明	示意图
1	将"方式选择"旋钮旋转至"手动输入"模式。将工件放入夹具并按下"夹具控制"键	
2	工件被正确装夹	
3	按下"PROG"键,进入程序界面,输入"M03 S500"。依次按下"EOB""INPUT"键。按下"循环启动"键,主轴开始正转	
4	将"方式选择"旋钮旋至手轮操作区	
5	移动分中棒刀具至工件左侧,与毛坯有一定距离	

步骤	操作说明	示意图
6	使用手轮在 *X* 轴方向慢进给对工件毛坯的边界进行触碰,直至分中棒刀具同心旋转	
7	*X* 轴、*Y* 轴不动,按下"主轴停止"键	主轴正转　主轴停止　排屑正转　排屑反转
8	按下"POS"键,进入位置显示界面	POS　PROG　OFS/SET　SYSTEM　MESSAGE　CSTM/GR
9	在位置显示界面按下"相对"下方对应的软键,查看相对坐标	EDIT **** *** ***　02:19:58　绝对　相对　全部　手动　〈操作〉

步骤	操作说明	示意图
10	进入相对坐标显示界面	
11	输入"X0.0",按下"预置"下方对应的软键	
12	"相对坐标"下"X"的值变为0	
13	移动分中棒刀具至工件右侧,与毛坯有一定距离,按下"主轴正转"键	

步骤	操作说明	示意图
14	使用手轮在 X 轴方向慢进给对工件毛坯的边界进行触碰，先触碰至不同心	
15	使用手轮在 X 轴反方向移动，使毛坯与刀具分离，再次对边界进行触碰直至分中棒刀具同心旋转	
16	X 轴、Y 轴不动，抬升 Z 轴至距离毛坯表面 30 mm。此时，"相对坐标"下 X 轴的数值为 34.8。手动移动 X 轴，移动至相对坐标值当前数值的一半，即为 17.4	
17	按下"OFS/SET"键，进入刀偏设定界面	

步骤	操作说明	示意图
18	在刀偏设定界面按下"工件坐标系"下方对应的软键,进入工件坐标系界面	HND **** *** *** 02:3d:12 刀偏　设定　工件坐标系　〈操作〉
19	使用上下方向键,移动光标至G54 的 X 轴处	工件坐标系 (G54) 号. 值 号. 值 000 X 0.000 002 X 0.000 EXT Y 0.000 G55 Y 0.000 　 Z 0.000 　 Z 0.000 001 X 0.000 003 X 0.000 G54 Y 0.000 G56 Y 0.000 　 Z 0.000 　 Z 0.000
20	输入"X0.0",按下"测量"下方对应的软键	0 A>X0.0_ HND **** *** *** 02:49:10 搜索号码　测量　　+输入　输入
21	此时,X 轴方向的对刀操作完成。采用同样方法完成 Y 轴方向的对刀操作	(G54) 号. 值 号. 值 000 X 0.000 002 X 0.000 EXT Y 0.000 G55 Y 0.000 　 Z 0.000 　 Z 0.000 001 X -122.883 003 X 0.000 G54 Y -62.234 G56 Y 0.000 　 Z 0.000 　 Z 0.000
22	按下"PROG"键,进入程序界面,输入"M06T01",依次按下"EOB""INPUT"键,按下"循环启动"键,更换主轴刀具为立铣刀具	

步骤	操作说明	示意图
23	将刀具移动至毛坯上方,在低倍率下向下缓慢移动刀具,使量块在刀具和工件表面中间恰好通过时,停止移动。此时,X轴、Y轴、Z轴均不可移动	
	输入"Z10.0",按下"预置"下方对应的软键	A>Z10.0_ HND **** *** *** 01:40:49 预置 起源 加工件数预置 运转时间预置
24	切换至工具坐标系界面,移动光标至G54的Z轴处,由于还有量块高度10mm,此时应输入"Z10.0",点击测量。至此,对刀操作全部完成	工件坐标系 (G54) 号. 值 号. 值 000 X 0.000 002 X 0.000 EXT Y 0.000 G55 Y 0.000 　 Z 0.000 Z 0.000 001 X -122.883 003 X 0.000 G54 Y -62.234 G56 Y 0.000 　 Z -112.060 Z 0.000

任务 2.3　加工程序运行

教学课件:
任务 2.3

任务提出

　　数控加工是通过加工程序精确、自动地控制刀具使之相对于工件的运动按照预先设计的轨迹或位置进行切削,程序的运行过程即加工过程的实现。

　　在程序运行之前,要先检查加工前的准备工作是否完全就绪,通过加工辅助功能对加工环境进行调整。确认无误后,按下"启动"按钮,对工件进行自动加工。

在自动运行程序的加工过程中,在保证质量的前提下,通过机床控制面板上的修调开关,可在加工过程中对主轴转速、进给速度进行整数倍调整,实现高生产率和低加工成本的切削。如果出现危险情况,应迅速按下紧急停止开关或复位键,终止运行程序,在排除并解决问题后,再次运行加工程序完成零件加工。

本任务通过学习加工辅助功能、倍率参数及调整意义等知识,完成加载零件加工程序、运行加工程序和程序运行停止及再运行的任务流程,实现电机转子零件的完整加工。

本任务包括加载零件加工程序、运行加工程序、程序运行停止及再运行。

知识准备

2.3.1 加工辅助功能

加工辅助功能用于控制加工中心及其辅助装置的通断,如门开、门关、冷却通断、自动排屑等,如表 2-11 所示。

微课:
加工辅助功能
和倍率参数

表 2-11 加工辅助功能说明

编号	图例	说明
1	门开 / 门关	控制机床防护门开启或关闭,在程序停止及主轴和切削液停止的状态下,可正常打开
2	机床照明	照明开关
3	气冷通断	手动控制高压气体从喷口喷出,清洁毛坯
4	冷却通断	手动控制冷却液从主轴上冷却喷口喷出,达到冷却刀具、工件的目的,也能冲洗刀具、工件残留的铣屑

编号	图例	说明
5	冲屑通断	手动控制冷却液从内壁冷却喷口喷出,冲洗底部铣屑
6	排屑正转 排屑反转 自动排屑	控制排屑机运行,可以手动控制排屑正转和反转,按下则运行,松开则停止;也可直接按下"自动排屑"键,再次按下则停止运行

2.3.2 倍率参数

倍率参数有进给倍率、主轴倍率和快速倍率三种。倍率参数用于改变进给速度、主轴转速和快速进给速度。

1. 进给倍率

控制 X 轴、Y 轴、Z 轴的运动倍率。典型的进给倍率设定范围为 0~150%,增量为 10%。当开关设为 0 时,不会有任何轴运动。注意,运行一个新零件加工程序时,为安全起见,应将进给倍率修调旋钮(如图 2-23 所示)调至 10%~50% 启动程序运行。

在零件程序中采用 F 地址进行切削进给速度的编程,切削进给速度与切削运动关联,在 G01、G02、G03 以及固定循环和其他运动命令中使用。编程进给速度总是 100%,可使用进给倍率修调旋钮在数控机床测机时减小或增加进给速度。

2. 主轴倍率

控制主轴的旋转倍率。在零件程序中,主轴转速用 S 地址编程,编程主轴转速总是 100%,可使用主轴倍率修调旋钮(如图 2-24 所示)进行增减。典型的主轴转速修调范围为 50%~120%,增量为 10%。

图 2-23　进给倍率修调旋钮

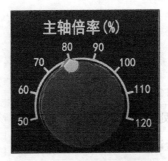

图 2-24　主轴倍率修调旋钮

3. 快速倍率

快速倍率是控制 G00 快速运动的速度,指刀具以最快的速度从当前位置移动到目标位置。该指令无运动轨迹要求,不需要特别编程进给速度,由机床参数"快移进给速度"对各轴分别设定,所以快速移动速度不能在地址 F 中规定。快移进给速度可由面板上的快速倍率修调旋钮修正,设定范围为 0~100%,如图 2-25 所示。当开关设为 0 时,不会有任何轴运动。

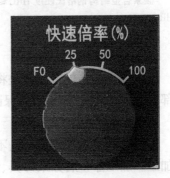

图 2-25　快速倍率修调旋钮

在 CAM 设计中,用编程进给倍率来控制刀具对工件的切削速度,即刀具随主轴高速旋转,按预设的刀具路径向前切削的速度。进给倍率的改变直接影响切削用量,切削用量包括切削速度、进给量和切削深度(背吃刀量)。切削用量的具体数值应根据机床性能、相关的手册并结合实际经验用类比方法确定。同时,主轴转速、切削深度及进给速度三者应相互适应,以形成最佳切削用量。最佳的切削用量是指在充分利用刀具切削性能和机床动力性能(功率、扭矩)、保证质量的前提下,获得高生产率和低加工成本。

主轴转速与进给速度没有定值,通常是靠经验来设置,主要根据刀具和工件材料来选择。但是最大进给速度要受到设备刚度和进给系统性能等的限制。切削用量不仅是在机床调整前必须确定的重要参数,而且其数值合理与否对加工质量、加工效率、生产成本等有着非常重要的影响。以高速加工中 4 刃钨钢 D10 铣刀切削为例,加工参数如表 2-12 所示。

2.3.3　加工异常复位

当加工发生异常现象或事故,或操作人员离开加工中心,应立即终止加工程序运行,退出加工。停止加工的一般操作流程为依次按下"进给保持""RESET"键,必要时,应立即按下"紧急停止"按钮。

再次运行加工程序时,应先确保加工中心无异常、无报警。程序再运行分为两种情况:从程序起始位置运行和从中断位置继续运行。

微课:
加工异常复位

表 2-12　铣　削　参　数

	粗铣 F	粗铣 S	粗铣切削量 / mm	精铣 F	精铣 S	精铣切削量 / mm
碳素合金结构钢	1 000	2 000	0.4~0.5	1 000	1 500	0.1~0.15
经淬火处理的工件	300	800	0.3~0.35	500	1 000	0.1~0.12
合金调质钢	700	1 000	0.35~0.5	800	1 500	0.1~0.12
铜公	1 000	1 500	0.4~0.5	1 500	2 000	0.1~0.15

碳素合金结构钢洛氏硬度 HRC ≤ 20,合金调质钢洛氏硬度 HRC30~40,经淬火处理的工件洛氏硬度 HRC46~52。

1. 从程序起始位置运行

从程序起始位置运行是将程序指针移动到程序第一行,启动运行时对已运行部分的程序再次运行,可以保证加工安全,但会耗费时间。

2. 从中断位置继续运行

从中断位置继续运行是不移动程序指针,启动运行时从中断工序的位置继续加工。加工停止后如果刀具、装夹基座发生位移,启动运行时会发生碰撞,使用此操作时需多加注意。

任务实施

2.3.4　加工主程序设定

加工中心运行时只运行主程序,运行前需要设置下一工序的程序为主程序,设定主程序的操作步骤如表 2-13 所示。

表 2-13　加工主程序设定

微课:
加工主程序
设定

步骤	操作说明	示意图
1	按下"PROG"键,进入程序目录界面	

步骤	操作说明	示意图
2	移动光标至需要运行的程序"O6521"，按下"操作"下方对应的软键，切换操作菜单	EDIT **** *** *** 00:36:51 程序 目录 下一步 程序检查 〈操作〉 ▶
3	按下"主程序"下方对应的软键，将当前程序设为主程序	▲ 设备选择 检索程序 键盘输入 主程序 详细
4	程序目录中"O6521"前显示倒置"@"标志，则主程序设置成功 程序目录界面右上角显示当前主程序为"O6521"	程序 目录 O6521 N00000

2.3.5 运行加工程序

运行加工程序操作步骤如表 2-14 所示。

表 2-14 运行加工程序

步骤	操作说明	示意图
1	将"方式选择"旋钮旋至"程序编辑"位置	方式选择 手动输入 连续进给 X1 自动循环 X10 程序编辑 X100 机床回零 DNC

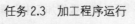

步骤	操作说明	示意图
2	按照安全操作规程,设备运行前,需关闭防护门。按下"门关"键,防护门关闭	
3	按下"PROG"键,进入程序目录界面,使用上下移动键移动光标至已经设定的主程序	06521 N00
4	按下"INPUT"键,进入程序界面。程序光标停留在程序号字符"0"上	//CNC_MEM/USER/PATH1/
5	将"方式选择"旋钮旋至"自动循环"位置	方式选择
6	光标停留在程序名称上	BC:000000002
7	调整进给倍率为10%,主轴倍率为80%,快速倍率为25%	进给倍率(%) 主轴倍率(%) 快速倍率(%)

步骤	操作说明	示意图
8	按下"循环启动"键,程序开始运行,加工中心开始运动	循环启动　进给保持
9	刀具开始切削工件,调整进给倍率为30%~50%,主轴倍率为90%~110%	进给倍率(%)　主轴倍率(%)

2.3.6　程序运行停止及再运行

加工程序异常停止后,确认无误,再次运行程序完成加工,操作步骤如表2-15所示。

表2-15　程序运行停止再运行

步骤	操作说明	示意图
1	按下"进给保持"键,X轴、Y轴停止运动,主轴保持转动	循环启动　进给保持
2	按下"RESET"键,主轴停止转动	HELP　RESET
3	操作程序停止运行后,程序运行光标停留在"N0260"行	BC:000000031 N0260X-16.17; N0270X16.168; N0280X19.22; N0290Z3.5; N0300G00Z13.; N0310X-16.803Y-9.901;

微课:
程序运行停止
及再运行

步骤	操作说明	示意图
4	将"方式选择"旋钮旋至"程序编辑"位置	
5	程序光标停留在"N0260"行顺序号字符"N"上	//CNC_MEM/USER/PATH1/ O6521　　　　　　(FG-EDIT) N0260X-16.17; N0270X16.168; N0280X19.22; N0290Z3.5; N0300G00Z13.;
6	多次按下"RESET"键	HELP / RESET
7	程序光标跳转至程序号字符"O"上	//CNC_MEM/USER/PATH1/ O6521　　　　　　(FG-EDIT) O6521; N0010G40G17G90G54; N0020M7; N0030M79;
8	将"方式选择"旋钮旋至"自动循环"位置	方式选择
9	按下"循环启动"键,程序开始运行,加工中心重新开始运行	循环启动　进给保持

任务 2.4 数控加工中心智能化应用

教学课件:
任务 2.4

任务提出

现代制造业中,数控技术是智能制造的重要基础,而智能制造又是数控技术的拓展延伸,两者相互依存共同发展。在智能制造中数控技术有着突出的技术优势,合理地应用数控技术可以将智能制造系统提升到一个新的高度,进一步提升其智能化水平。数控技术可以进行高度灵活的操控,在各种智能操作系统中均可以有效应用,保障智能系统内部处理、分析、采集和模拟数据的高效性。数控技术极大地简化了操作流程,并且在生产和控制过程中充分发挥其自主工作的特性,进一步实现管控集中化,提升工作效率。

本任务介绍程序结构、FANUC系统指令代码、程序编辑按键操作等知识。汇博数控加工系统配置相应接口后,接收汇博制造生产过程执行系统(MES)下发的加工程序实现自动运行加工,构成智能制造切削加工系统。本任务包括:程序修改、系统通信参数设定。

知识准备

2.4.1 程序结构

加工程序是指在自动加工控制系统中,按自动控制语言和格式书写的顺序指令集。按照指定的指令,刀具沿着直线或圆弧移动,主轴电动机按照指令旋转或停止。在程序中,以刀具实际移动的顺序来指定指令。一组单步的顺序指令称为程序段。一个程序段从识别程序段的顺序号开始,到程序段结束代码结束。加工程序是由若干程序段组成的;而程序段是由一个或若干个指令字组成的,指令字代表某一信息单元;每个指令字由地址符和数字组成,它代表机床的一个位置或一个动作;每个程序段结束处应有"EOB",表示该程序段结束,转入下一个程序段。地址符由字母组成,每一个字母、数字和符号都称为字符,程序结构组成参数见表2-16。

微课:
程序结构与
FANUC系统指
令代码

表2-16 程序结构组成参数

地址	功能	含义	地址	功能	含义
A	坐标字	绕 X 轴旋转	C	坐标字	绕 Z 轴旋转
B	坐标字	绕 Y 轴旋转	D	补偿号	刀具半径补偿指令

地址	功能	含义	地址	功能	含义
E	第二进给	第二进给功能	P	暂停	暂停时间或程序中某功能的开始使用的顺序号
F	进给速度	进给速度的指令,例如,F500:在加工范围下 X 轴、Y 轴、Z 轴每分钟运动 500 mm	Q	固定	固定循环终止段号或固定循环中的定距
G	准备功能	指令动作方式	R	坐标字	固定循环中的定距或圆弧半径的指定
H	补偿号	补偿号的指定	S	主轴功能	主轴转速的指令,例如,S500:主轴每分钟旋转 500 转
I	坐标字	圆弧中心 X 轴向坐标	T	刀具功能	刀具编号的指令,例如,T01
J	坐标字	圆弧中心 Y 轴向坐标	U	坐标字	与 X 轴平行的附加轴的增量坐标值
K	坐标字	圆弧中心 Z 轴向坐标	V	坐标字	与 Y 轴平行的附加轴的增量坐标值
L	重复次数	固定循环及子程序的重复次数	W	坐标字	与 Z 轴平行的附加轴的增量坐标值
M	辅助功能	例如,机床开/关指令	X	坐标字	X 轴的绝对坐标或暂停时间
N	顺序号	程序段顺序号	Y	坐标字	Y 轴的绝对坐标
O	程序号	程序号、子程序号的指定,例如,O6001	Z	坐标字	Z 轴的绝对坐标

汇博制造生产过程执行系统下加工中心复位程序说明见表 2-17 所示。

表 2-17　程 序 说 明

程序	说明
O6001	程序号 O6001
N0010 M33	第 0010 行　安全防护门关闭
N0020 G91 G28 Z0.0	第 0020 行　在增量编程方式下,回到参考点 Z0.0 的位置
N0030 G53 G90 X−300.Y0.	第 0030 行　X 轴、Y 轴在绝对编程方式下选择非模态机床坐标系,移动到(−300,0)的位置
N0040 M78	第 0040 行　零点夹具打开
N0050 M33	第 0050 行　安全防护门打开
N0060 M30	第 0060 行　加工完成

2.4.2 FANUC 系统指令代码

1. G 代码

G 代码又称为准备功能字，是使数控机床建立起某种加工方式的指令，如插补、刀具补偿、固定循环等。G 功能字由地址符 G 和其后的两位数字组成，包括 G00~G99。G 代码功能如表 2-18 所示。

表 2-18　G 代码功能

G 代码	组号	功能	G 代码	组号	功能
G00	01	快速运动	G44	08	刀具长度补偿 −
G01	01	直线插补运动	G49	08	取消 G43/G44
G02	01	顺圆插补运动	G50	11	取消 G51
G03	01	逆圆插补运动	G51	11	比例缩放
G04	00	暂停	G52	00	设定局部坐标系
G10	00	可编程数据输入	G53	00	选择非模态机床坐标系
G11	00	取消可编程数据输入	G54~G59	14	设定工件坐标系 1~6
G15	17	取消极坐标编程	G60	00	单一方向定位
G16	17	极坐标编程	G61	15	模态准确停止
G17	02	XY 平面选择	G64	15	取消 G61
G18	02	ZX 平面选择	G65	00	调用宏程序
G19	02	YZ 平面选择	G68	16	旋转
G20	06	选择英制	G69	16	取消 G68
G21	06	选择公制	G73	09	高速深孔钻循环
G28	00	返回参考点	G74	09	左旋攻丝循环
G29	00	从参考点返回	G76	09	精镗循环
G30	00	返回 2、3、4 参考点	G80	09	取消固定循环
G31	00	跳转	G81	09	钻孔循环
G33	01	螺纹切削	G82	09	钻孔循环,孔底暂停
G40	07	取消刀具补偿	G83	09	普通深孔钻循环
G41	07	刀具左补偿	G84	09	攻丝循环
G42	07	刀具右补偿	G85	09	镗孔循环
G43	08	刀具长度补偿 +	G86	09	镗 / 铰孔循环,孔底主轴停止

G 代码	组号	功能	G 代码	组号	功能
G87	09	背镗循环	G94	05	每分进给
G88	09	镗孔循环,孔底暂停后,主轴停止	G95	05	每转进给
G89	09	镗孔循环,孔底暂停,主轴不停	G96	13	恒线速度切削
G90	03	绝对编程方式	G97	13	取消恒线速度切削
G91	03	增量编程方式	G98	10	返回初始点平面
G92	00	设定工件坐标系	G99	10	返回 R 点平面

2. M 代码

M 代码又称为辅助功能指令,用于指定主轴的旋转方向、启动、停止、冷却液的开关、工件或刀具的夹紧和松开,以及刀具的更换等功能。辅助功能由地址符 M 和其后的两位数字组成。M 代码功能如表 2-19 所示。

表 2-19 常用 M 代码功能

M 代码	含义	M 代码	含义
M00	程序停止	M08	冷却液开启水状
M01	程序选择停止	M09	冷却液关闭
M03	主轴正转	M19	主轴定向
M04	主轴反转	M96	无输入则跳转
M05	主轴停转	M97	局部子程序调用
M06	换刀	M98	子程序调用
M07	冷却液开启雾状	M99	子程序返回或循环执行

对于未规定的 M 代码的功能,可以通过修改加工中心 PMC 中梯形图分配 M 代码功能,如表 2-20 所示,为汇博数控加工中心已重新分配的 M 代码功能。

表 2-20 设备自定义 M 代码功能

M 代码	含义	M 代码	含义
M32	安全门打开	M75	主轴松刀
M33	安全门关闭	M76	主轴锁刀
M72	主轴吹气	M78	零点夹具打开
M73	主轴关气	M79	零点夹具关闭

2.4.3 程序编辑操作

编辑键是对程序进行删除、输入等修改的功能键。其使用说明如表2-21所示。

表2-21 编辑键及其使用说明

编号	图标	说明
1	ALTER	替换键,替换字符或符号。例如,移动光标至最后字符,输入"Y",按下替换键,Y 替换 Z。如 N001X100Z_=> N001X100Y_
2	INSERT	插入键,在程序中的某个位置插入字符或符号
3	DELETE	删除键,删除程序内字符或符号
4	INPUT	输入键,将输入缓冲区的数据复制到偏置寄存器中
5	CAN	取消键,按下该键删除最后一个进入输入缓冲区的字符或符号。例如,N001X100Z_=> N001X100_

2.4.4 加工中心信号输出

加工中心在智能制造系统下,生产调度管理需要通过读取加工中心的 PMC 中的梯形图输出信号。FANUC 系统 PMC 信号共有四种:来自机床侧的输入信号、由 PMC 侧输出到机床侧的信号、由控制伺服电动机与主轴电动机的系统部分输入到 PMC 侧的信号、由 PMC 侧输出到系统部分的信号。它们分别以"X""Y""F""G"作为数据地址。

"X":来自机床侧的输入信号。如接近开关、极限开关、压力开关和操作按钮等输入信号元件。PMC 接收机床侧各装置的输入信号,在梯形图中进行逻辑运算,作为机床动作的条件及对外围设备进行诊断的依据。

"Y":由 PMC 侧输出到机床侧的信号。在 PMC 控制程序中,根据机床设计的要求,输出信号控制机床侧的电磁阀、接触器和信号灯等动作,满足机床运行的需要。

"F":由控制伺服电动机与主轴电动机的系统部分输入到 PMC 侧的信号。系统部分就是将伺服电动机和主轴电动机的状态,以及请求相关机床动作的信号(如移动中信号、位置检测信号、系统准备完成信号等),反馈到 PMC 中去进行逻辑运算,作为机床动作的条件及进行自诊断的依据。

"G":由 PMC 侧输出到系统部分的信号。对系统部分进行控制和信息反馈(如轴互锁信号、M 代码执行完毕信号等)。

在本项目使用的汇博数控加工中心中,加工中心运行程序 M30 后,在 PMC 中输出加工完成信号 Y20.4,由外部 PLC 通过 S7 通信连接读取数据并汇总到汇博制造生产过程执行系统。汇博制造生产过程执行系统再控制工业机器人系统至加工中心(X-300,Y0)位置实现自动上下料。

任务实施

2.4.5　程序编辑

在加工程序结尾处添加加工完成信号 M30 代码,工业机器人系统自动上下料位置点为(X-300,Y0)。程序编辑操作步骤如表 2-22 所示。

表 2-22　程 序 编 辑

步骤	操作说明	示意图
1	将加工中心"方式选择"旋钮旋至"程序编辑"位置	
2	按下"PROG"键,进入程序目录界面	

微课:
程序编辑

步骤	操作说明	示意图
3	使用上下移动键移动光标至需修改的程序	
4	按下"INPUT"键,进入程序界面	
5	使用上下移动键移动光标至程序最后一行,光标停留在"%"上	
6	输入"N3610G28G91Z0.",按下"EOB"键。生成行结束符,"%"跳转至下一行。输入的程序含义:第 N3610 行 Z 轴在增量编程方式下回到返回参考点零点	
7	输入"N3620G53G90X−300.Y0.",按下"EOB"键,自动生成行结束符,"%"跳转至下一行。输入的程序含义:第 N3620 行 X 轴、Y 轴在绝对编程方式下选择非模态机床坐标系移动到(−300,0)的位置	

步骤	操作说明	示意图
8	生成行结束符,"%"跳转至下一行。输入的程序含义:第 N3630 行程序运行完毕,加工停止,程序执行光标回到程序起始位置	N3600M46; N3610G28G91Z0.; N3620G53G90X-520.Y0.; N3630M30; %

2.4.6　系统通信参数设定

智能制造系统的通信是通过以太网连接的,需要将加工中心 IP 地址及端口参照系统配置进行修改,操作步骤如表 2-23 所示。

表 2-23　系统通信参数设定

步骤	操作说明	示意图
1	将加工中心"方式选择"旋钮旋至"手动输入"位置	方式选择 连续进给 X1 手动输入 自动循环 X10 程序编辑 X100 机床回零 DNC
2	按下"SYSTEM"键,进入系统参数界面	POS　PROG　OFS/SET SYSTEM　MESSAGE　CSTM/GR
3	进入系统参数界面后,显示界面为系统内部参数界面	参数　　　　　　　　　00000 N00000

步骤	操作说明	示意图
4	多次按下右箭头下方对应的软键,切换显示菜单	MDI **** *** *** 21:50:31 参数 诊断 伺服导 系统 〈操作〉
5	直到出现"内藏口"选项。按下"内藏口"下方对应的软键,进入"共同:设定[内置]"界面	MDI **** *** *** 21:50:47 内藏口 PCMCIR卡 〈操作〉
6	在"共同:设定[内置]"界面使用上下移动键移动光标至"IP地址"项,输入"192.168.8.16",按下"INPUT"键,修改IP地址	共同:设定[内置] 基本 1/2 MAC 地址 00E0E4761AEE IP 地址 192.168.8.16 子网掩码 255.255.255.0 路由器地址 192.168.1.1 DHCP CLIENT 0
7	使用上下移动键移动光标至"路由器地址"项,输入"192.168.8.1",按下"INPUT"键,修改路由器地址	共同:设定[内置] 基本 1/2 MAC 地址 00E0E4761AEE IP 地址 192.168.8.16 子网掩码 255.255.255.0 路由器地址 192.168.8.1 DHCP CLIENT 0
8	按下上箭头下方对应的软键,返回上一级菜单	绝对 相对 全部 手动
9	按下"FOCAS2"下方对应的软键,进入"FOCAS2/ETHERNET:SET[EMBEDDED]"界面	MDI **** *** *** 06:04:24 公共 FOCAS2 FTP传送 〈操作〉

续表

步骤	操作说明	示意图
10	使用上下移动键移动光标至"口编号(TCP)"项,输入"8193",按下"INPUT"键	FOCAS2/ETHERNET:SET[EMBEDDED] 基本 口编号(TCP)　8193 口编号(UDP)　0 时间间隔　100

项 目 拓 展

使用 CF(Compact Flash)卡完成电机外壳加工程序导入。将加工程序保存至CF卡,并使用对应的读卡器插入 PCMCIA 接口,如图 2-26 所示。

正确装夹电机外壳毛坯,调用分中棒刀具,使用巡边法完成电机外壳毛坯对刀并将结果保存至"G55"坐标系下,如图 2-27 所示。

修改加工主程序,将电机外壳加工程序设定为加工主程序,运行程序,使用 D6立铣刀具完成电机外壳加工,得到电机外壳成品,如图 2-28 所示。

图 2-26　CF 卡连接　　　图 2-27　电机外壳毛坯　　图 2-28　电机外壳成品

项目三 零件建模与 CAM 编程

 证书技能要求

智能制造生产管理与控制职业技能等级要求（初级）	
1.1.1	能够识读零件图和装配图
1.1.2	能够熟练使用工业 CAD/CAPP/CAM 软件
1.1.3	能够根据工作任务要求，对零件进行三维设计
1.2.1	能够根据工作任务要求，编制零件的加工工艺
1.2.2	能够根据工作任务要求，对零件进行 CAM 编程
1.2.3	能够根据工作任务要求，对零件进行加工仿真

 项目引入

　　随着工业软件在制造业的普及，工业软件在实现生产制造的过程中能有效缩短产品研制周期，提高生产效率和产品质量，降低工作能耗。计算机辅助设计与制造（CAD/CAM）技术是工程技术领域中发展最迅速、最引人注目的一项高级技术，它已成为工业生产现代化的重要标志。它对加速工程和产品的开发、缩短产品设计制造周期、提高产品质量、降低成本、增强企业市场竞争能力与创新能力有着重要作用。

　　NX（数字化产品开发系统）为培养创造性和产品技术革新的工业设计和风格提供了强有力的解决方案。利用 NX CAD，工业设计师能够迅速地建立和改进复杂的产品形状，并且使用先进的渲染和可视化工具来最大限度地满足设计概念的审美要求。NX CAM 加工基础模块提供连接 UG 所有加工模块的基础框架，它为加工模块提供一个相同的、界面友好的图形化窗口环境，用户可以在图形方式下观测刀具沿轨迹运动的情况并可对其进行图形化修改，如对刀具轨迹进行延伸、缩短或修改等。NX CAM 加工基础模块能同时提供通用的点位加工编程功能。

　　本项目包括转子零件模型绘制、加工工艺设计与 CAM 编程以及加工工序后处理。通过学习识别转子工程图、模型绘制方法、CAM 编程加工工序以及后处理加工程序，创建转子的三维模型并后处理生成加工程序,最后对加工程序进行加工验证。

 知识目标

1. 了解零件工程图的识读方法
2. 掌握零件二维草图的绘制和三维模型的建立
3. 掌握测量工具的使用方法
4. 掌握零件加工工艺
5. 了解加工刀具的类型和参数
6. 掌握零件加工工艺规程及其规则
7. 掌握加工程序的自动生成方法
8. 掌握后处理加工程序的方法

 能力目标

1. 能够识读零件工程图
2. 能够绘制零件二维草图和建立三维模型
3. 能够根据零件制作加工工艺表
4. 能够根据加工工艺表编写零件加工工序
5. 能够使用 CAM 软件对加工过程进行仿真
6. 能够通过后处理生成机床程序并进行加工

平台准备

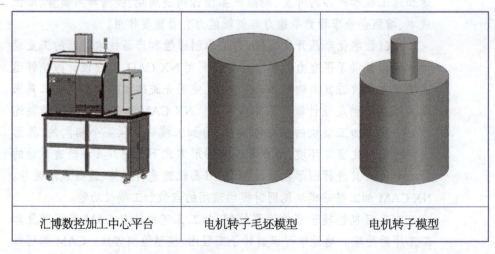

| 汇博数控加工中心平台 | 电机转子毛坯模型 | 电机转子模型 |

软件环境

计算机配置	处理器:英特尔酷睿 i5 及以上 内存:推荐内存 8GB 或以上 硬盘:配备至少 50GB 的存储空间
操作系统	Microsoft Windows10 专业版或企业版
CAD/CAM 软件	Siemens NX(版本 1980)

任务 3.1　零件二维草图绘制

任务提出

计算机辅助设计的广泛应用改变了工程设计人员进行产品设计的方法和手段。产品设计由"二维构形、二维设计"向"三维构形、三维设计"方向发展,人们更多地直接通过构建三维模型来进行产品设计。产品设计完成后,通过软件投影生成二维草图。

二维草图一般是由点、线、圆弧、圆和抛物线等基本图形构成的封闭或不封闭的几何图形,是三维实体建模的基础。一个完整的二维草图由几何形状、几何关系和尺寸标注组成。快速的三维建模离不开二维草图的绘制和编辑。

本任务包含创建转子模型工程和绘制转子的二维草图。通过学习模型工程创建方法和二维草图绘制方法,完成新建模型工程和绘制零件草图的任务流程。

知识准备

3.1.1　NX CAD 建模流程

NX CAD 建模步骤主要包括建模环境设置、草图原点与平面确认、零件特征草图绘制、草图特征建模、三维模型附加特征绘制以及零件三维尺寸验证。

1. 建模环境设置

要熟练地使用一套软件,必须了解软件的工作环境。设置适合自己的使用环境能让设计工作更加快捷。绘图前的准备工作包含软件的参数设置、软件工具设置以及软件界面布局等。

2. 草图原点与平面确认

草图必须在平面上绘制,平面可以是基准面,也可以是三维模型上的平面。零件原点是确定零件草图在平面上的位置,即确定了零件草图在基准面或模型表面的位置。

教学课件:
任务 3.1

微课:
NX CAD 建模
流程

3. 零件特征草图绘制

在确定了绘制原点以及绘制面后对零件的特征与轮廓进行简单绘制。零件模型的大部分特征都需要建立草图轮廓,按照零件特征绘制对应特征草图。

4. 草图特征建模

草图特征建模是三维实体最基本的绘制方式,可以构成三维实体的基本造型。在通过对零件草图进行拉伸、旋转、脱壳等大致操作后展现零件的基础轮廓。

5. 三维模型附加特征绘制

附加特征是指对已经构建好的三维模型实体进行局部修饰,有助于造型上的变化,或是产生平滑的效果。在零件的基础轮廓上进行倒圆角、倒斜角等操作完成零件轮廓。

6. 三维零件尺寸验证

对三维模型中的直线、点、曲线、基准面的距离、角度、半径、大小,以及它们之间的距离、角度、半径或尺寸进行测量。测量绘制完成的零件模型,应保证零件的尺寸与轮廓的准确性。

3.1.2 零件工程图的识读

零件工程图是用来准确表达物体形状、大小和相关技术要求的技术性文件。零件制造者通过工程图了解设计要求,组织生产加工,零件使用者根据工程图了解产品构造和性能。正确识读零件工程图在制造业实际生产中非常重要。

1. 零件工程图的组成

零件工程图主要由三视图、技术要求和标题栏组成。三视图展示零件轮廓尺寸等参数,技术要求表达零件相关技术参数,标题栏说明零件名称、材料等参数,如图 3-1 所示。

三视图: 能够准确反映零件长、宽、高尺寸的工程图。单个视图只能反映零件一个方位的形状,不能完整反映零件的结构形状。通过 3 个视图来展示零件的尺寸关系,完整表达零件的几何结构。通过三视图标注出能够表达零件形状、特征、大小和细节的所有尺寸,包含零件直径、半径、倒角等尺寸参数。

技术要求: 技术要求是机械制图中对零件加工提出的技术性加工内容与要求。根据制图的标准,不能在图形中表达清楚的其他制造要求,应在技术要求中用文字描述完全。用规定的符号、数字、字母和文字注解,简明准确地给出零件在使用、制造和检验时应达到的相关技术要求。

标题栏: 为方便读图及查询相关信息,图纸中一般会配置标题栏。标题栏一般位于图纸的右下角,看图方向一般应与标题栏的方向一致。标题栏包含零件的名称、材料、数量、日期、图号、比例、设计和审核人员等内容。

2. 零件工程图尺寸标注

零件工程图包含若干类型的标注。一般尺寸标注包含线性标注、半径标注、角度标注、表面粗糙度等。常见零件工程图的尺寸标注解读如表 3-1 所示。

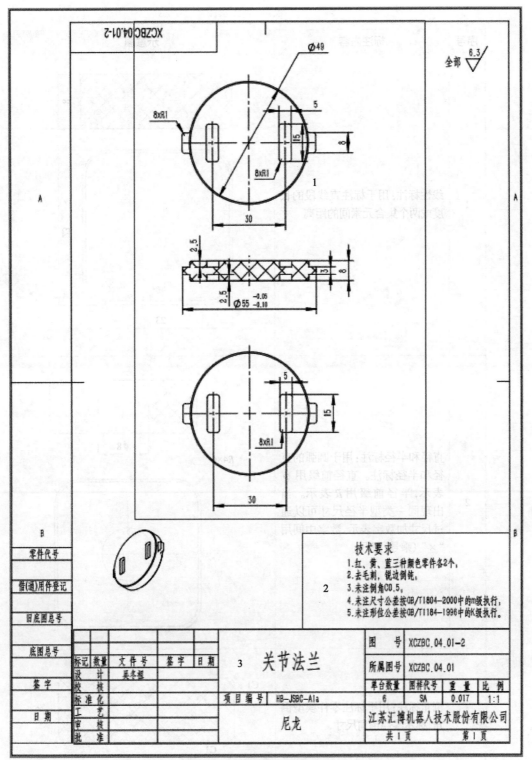

1—三视图　2—技术要求　3—标题栏

图 3-1　零件工程图

表 3-1　常见零件工程图尺寸标注

序号	标注内容	示意图
1	线性标注:用于标注直线段的长度或两个集合元素间的距离	
2	直径和半径标注:用于圆弧的直径和半径标注。直径前缀用 ϕ 表示,半径前缀用 R 表示。当出现同一类型半径尺寸可以通过尺寸加数字表示,数字中间用 "×"(乘号)隔开	
3	倒角标注:用于标注零件模型倒角,标示零件倒角尺寸	

序号	标注内容	示意图
4	角度标注:用于标注两条直线的夹角或者圆弧的圆心角	45° 315° 135° 135°
5	表面粗糙度:用于要求加工表面的光滑程度,表面粗糙度越小,则表面越光滑	全部 6.3

3. 零件工程图识读流程

(1)阅读标题栏。从标题栏中可以了解零件的名称、材料、画图比例、重量等参数,并结合三视图初步了解该零件的大致形状和主要尺寸。如图 3-2 所示,观察标题栏,零件名称为电机转子,材料为尼龙,比例为 2:1。

电机转子	图 号	XCZBC.04.02-2		
	所属图号	XCZBC.04.02		
	单台数量	图样代号	重 量	比 例
项目编号 HB-JSBC-A1a	6	SA	0.012	2:1
尼龙	江苏汇博机器人技术股份有限公司			
	共1页		第1页	

图 3-2 标题栏内容

(2)分析视图想象形状。分析三视图和轴测视图,初步想象零件的形状和结构。从三视图可看出零件的大致内外形状;结合局部视图、斜视图以及剖面等表达方法,读懂零件的局部形状。观察电机转子视图,了解电机转子由转子绕组、转子铁心组成,如图 3-3 所示。

(3)分析尺寸和技术要求。了解零件各部分的定型、定位尺寸和零件的总体尺寸,以及标注尺寸时所用的基准。了解技术要求,如表面粗糙度、公差与配合等内容。电机转子由直径为 23 mm 的绕组和直径为 7 mm 的铁心组成,绕组长度为 25 mm。铁心长度为 35 mm,如图 3-4 所示。

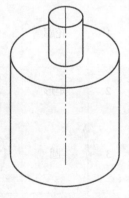

图 3-3 电机转子视图

(4)内容整合。将零件结构形状、尺寸标注和技术要求等内容综合起来,对电机转子的作用、结构形状、尺寸大小、主要加工方法及加工的主要技术参数指标进行全面地理解。通过零件的尺寸、结构特征、技术要求等参数进行零件三维建模。

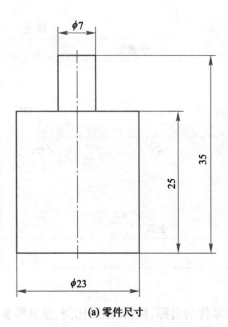

技术要求
1. 红、黄、蓝三种颜色零件各2个;
2. 去毛刺, 锐边倒钝;
3. 未注尺寸公差按GB/T 1804—2000中的m级执行;
4. 未注形位公差按GB/T 1184—1996中的K级执行。

(a) 零件尺寸　　　　**(b) 技术要求**

图 3-4　零件尺寸和技术要求

3.1.3　草图绘制工具

微课:
草图绘制工具

1. 草图绘制工具

三维零件模型的大部分特征是由二维草图绘制得来的,草图绘制在三维建模中占有重要地位。草图绘制与编辑工具见表 3-2。

表 3-2　草图绘制与编辑工具

序号	名称	示意图	功能描述
1	轮廓		以线串模式创建一系列连接的直线或曲线,上一条曲线的终点变成下一条曲线的起点
2	矩形		通过对角顶点、对角顶点与角度以及中心点与长宽三种方法绘制矩形草图
3	圆		通过圆心和直径与三点定圆的方法绘制圆形草图
4	直线		绘制直线草图。用于表达零件直线轮廓,也可以用作参考辅助线使用

序号	名称	示意图	功能描述
5	圆弧	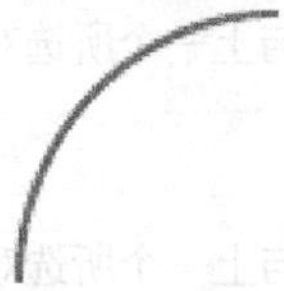	通过三点或通过指定其中心和端点绘制圆弧草图
6	点		创建点草图,在草图任意位置绘制点,绘制的点不影响三维建模的外形,只起参考作用
7	圆角		在两条或三条曲线之间创建圆角,根据视图中倒圆角的大小创建圆角
8	倒斜角		在两条草图线之间的尖角进行倒斜角。根据视图倒角大小或技术文件中锐角倒钝绘制倒斜角
9	修剪		从任一方向将曲线修剪至最近的交点或选定的曲线
10	延伸		将曲线延伸至另一条临近曲线或选定的曲线,用于生成草图中两条不平行曲线或线段之间的交点

2. 几何关系工具

几何关系工具为草图实体与基准面、基准轴、边线或顶点之间进行几何约束。通过几何关系工具约束草图实体、基准面、边线或顶点之间的关系。几何关系工具见表3-3。

表3-3 几何关系工具

序号	关系	示意图	产生的几何关系
1	设为重合		移动所选对象与上一个所选对象成"重合""同心"或"点在曲线上"关系
2	设为共线		移动所选直线与上一个所选对象成"共线"关系

序号	关系	示意图	产生的几何关系
3	设为水平		移动所选对象与上一个所选对象水平对齐
4	设为竖直		移动所选对象与上一个所选对象竖直对齐
5	设为相切		移动所选曲线与上一个所选对象成"相切"关系
6	设为平行		移动所选直线与上一个所选对象成"平行"关系
7	设为垂直		移动所选直线与上一个所选直线成"垂直"关系
8	设为相等		移动所选曲线与上一个所选曲线成"等半径"关系
9	设为对称		移动所选对象通过对称线与第二个对象成"对称"关系

任务实施

3.1.4　新建模型工程

根据电机转子工程图,电机转子模型工程的创建操作步骤见表 3-4。

微课:
新建模型工程

表 3-4　电机转子模型创建

步骤	操作说明	示意图
1	双击 NX 快捷方式打开 NX 软件	

步骤	操作说明	示意图
2	单击"主页"→"标准"菜单栏中"新建"按钮,新建零件模型绘制工程	文件(F) 主页 工具 新建 打开 最近打开 恢复上一会话 新建 (Ctrl+N) 创建一个新的文件。 标准
3	NX 包含 CAD/CAM/MCD 等多种工程创建模块。单击"新建"对话框中的"模型"按钮,创建模型工程	新建 仿真 增材制造 加工生产线规划 加工 多轴焊熔 检测 机电概念设计 船舶整体布置 冲压模验证 自动化设计 生产线设计 物理架构建模器 船舶结构 模型 生产线设计工作区 DMU 图纸 布局
4	单击"模型"选项卡中的"模板"。修改模板"单位"为"毫米"	模型 生产线设计工作区 DMU ▼ 模板 ▼ 过滤器 单位 毫米 名称 类型 单位 模型 建模 毫米 装配 装配 毫米
5	根据零件图修改名称为"电机转子"。将文件保存至目录,此处为桌面路径。单击"确定"按钮完成电机转子模型绘制工程的创建	▼ 新文件名 名称 电机转子.prt 文件夹 C:\Users\admin\Desktop ▼ 要引用的部件 名称 确定 取消

3.1.5 绘制零件草图

观察零件工程图,对电机转子零件特征进行解读,如图 3-5 所示。可以通过绘制拉伸二维草图生成三维零件;也可以通过旋转二维草图生成整体零件框架,再对三维零件进行合并、减去等操作绘制零件。

微课:
绘制零件草图

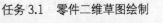

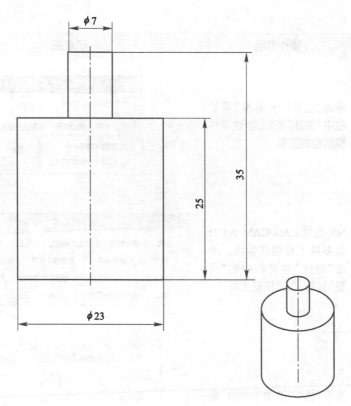

图 3-5　转子零件尺寸图

电机转子草图绘制操作步骤见表 3-5。

表 3-5　电机转子草图绘制

步骤	操作说明	示意图
1	单击"主页"→"构造"菜单栏中的"草图"按钮	文件(F)　主页　曲线 基准平面　草图　拉伸　旋转 构造 草图 创建草图。 菜单(M)
2	在弹出的"创建草图"对话框中选择"基于平面",单击"选择草图平面或面"按钮	创建草图 基于平面 草图平面 □ 显示主平面 选择草图平面或面 (0) 确定　取消

步骤	操作说明	示意图
3	选中 YZ 平面作为基准平面,则系统会自动选择 YZ 平面进行草图绘制	
4	单击"确定"按钮完成草图平面选择	
5	单击"主页"→"构造"菜单栏中的"轮廓"按钮,绘制草图轮廓	
6	在弹出的"轮廓"对话框中单击"对象类型"下的"直线",绘制零件草图轮廓	
7	单击草图绘制界面,通过坐标输入方式确定草图绘制的起始点	

步骤	操作说明	示意图
8	参照零件工程图绘制零件大概轮廓。按"ESC"键退出轮廓绘制	
9	单击零件草图曲线轮廓创建尺寸	
10	生成零件二维草图尺寸	
11	双击零件二维尺寸,按照零件工程图修改零件二维尺寸	距离 11.000000

步骤	操作说明	示意图
12	检查零件草图尺寸,绕组长度为25mm、电机转子总长度为35mm。完成零件草图旋转特征二维草图的绘制操作	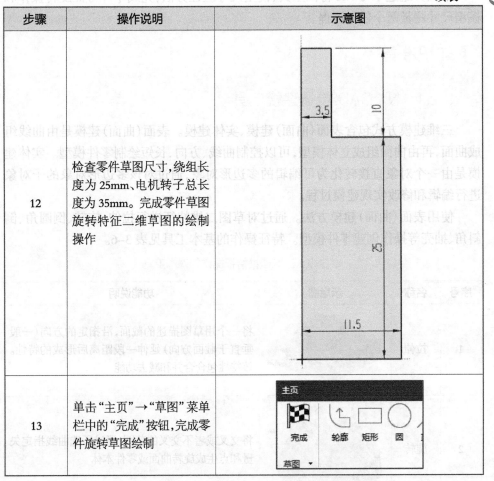
13	单击"主页"→"草图"菜单栏中的"完成"按钮,完成零件旋转草图绘制	

任务3.2 零件三维模型绘制

任务提出

教学课件:
任务3.2

三维模型是物体的三维多边形表示,通常用三维建模工具软件生成。零件模型是根据要制造的原零件按比例缩小(也可以是放大或一样)的实物。主要反映零件的结构特点。

三维模型是CAM编程的前提和基础,任何CAM的程序编制必须有三维模型为加工对象进行编程。CAD软件具有很强的造型能力,可以进行曲面和实体的造型。基于二维特征草图进行旋转、拉伸、孔、倒圆角、倒斜角等三维操作可以生成或编辑零件三维模型。

本任务通过学习 NX 特征工具、模型尺寸验证方法,完成零件特征旋转操作和模型尺寸测量两个任务流程。

微课:
NX CAD 特征
建模工具

知识准备

3.2.1 NX CAD 特征建模工具

三维建模方式包含表面(曲面)建模、实体建模。表面(曲面)建模是由曲线组成曲面,再由曲面组成立体模型,可以控制曲线、方向、长短绘制零件模型。实体建模是由一个对象直接转化为可编辑的多边形对象,通过对该多边形对象的子对象进行编辑和修改实现建模过程。

使用表面(曲面)建模方法。通过对草图二维特征进行拉伸、旋转、倒圆角、倒斜角、抽壳等操作创建零件模型。特征操作的基本工具见表 3-6。

表 3-6　三维建模特征操作的基本工具

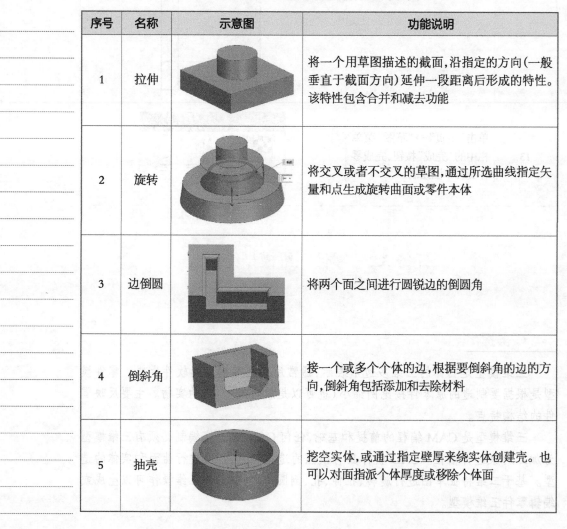

序号	名称	示意图	功能说明
1	拉伸		将一个用草图描述的截面,沿指定的方向(一般垂直于截面方向)延伸一段距离后形成的特性。该特性包含合并和减去功能
2	旋转		将交叉或者不交叉的草图,通过所选曲线指定矢量和点生成旋转曲面或零件本体
3	边倒圆		将两个面之间进行圆锐边的倒圆角
4	倒斜角		接一个或多个个体的边,根据要倒斜角的边的方向,倒斜角包括添加和去除材料
5	抽壳		挖空实体,或通过指定壁厚来绕实体创建壳。也可以对面指派个体厚度或移除个体面

3.2.2 零件模型尺寸测量

零件模型通过检验确定数据尺寸和特征参数,参考零件工程图对零件的尺寸进行对比验证。保证在加工过程中,零件的生产尺寸符合要求。

"测量"内容由"要测量的对象""测量方法"和"测量结果"组成,通过对不同的对象使用测量方法,对零件的尺寸进行测量。

用测量工具对三维模型的尺寸进行测量,要测量的对象包含对象、点、矢量、对象集、点集和坐标系,如图3-6所示。

"对象":点、线、面或者三维实体。

"点":三维实体上的角点、线段中的点或平面上任意点。

"对象集":由多个对象组成的集合。

"点集":由多个点组成的集合。

测量目标包含不同的测量内容,根据测量目标选择合适的测量内容。测量内容见表3-7。

图 3-6　测量工具内容

表 3-7　测量内容

序号	内容	示意图	说明
1	距离		测量零件点到点、点到面、面到面之间的距离
2	曲线／边		测量零件的曲线和边的直径、半径、距离等
3	角度		测量边与边、边与面、面与面之间的夹角
4	平面		测量零件平面的面积、周长等
5	体		测量零件的表面积、质心等

任务实施

3.2.3 三维特征建模

零件二维特征草图旋转生成三维模型的操作步骤见表3-8。

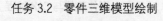

表 3-8　零件三维特征草图旋转生成三维模型的操作步骤

步骤	操作说明	示意图
1	单击"主页"选项卡中的"旋转"按钮,通过旋转二维草图生成零件	曲线　主页　曲面　拉伸　旋转　孔　旋转
2	在弹出的旋转对话框中单击"选择曲线",选择零件旋转特征二维草图	旋转　截面　选择曲线 (6)　指定原点曲线　轴　指定矢量　指定点　限制　确定　应用　取消
3	单击"指定矢量",选择所需要参考旋转的轴,选择基于 Z 轴旋转	旋转　截面　选择曲线 (6)　指定原点曲线　轴　指定矢量　指定点　限制　布尔　偏置　设置　☑ 预览　显示结果　确定　应用　取消

步骤	操作说明	示意图
4	单击"指定点",选择旋转的基本点,通过指定点和矢量定义旋转的轴心	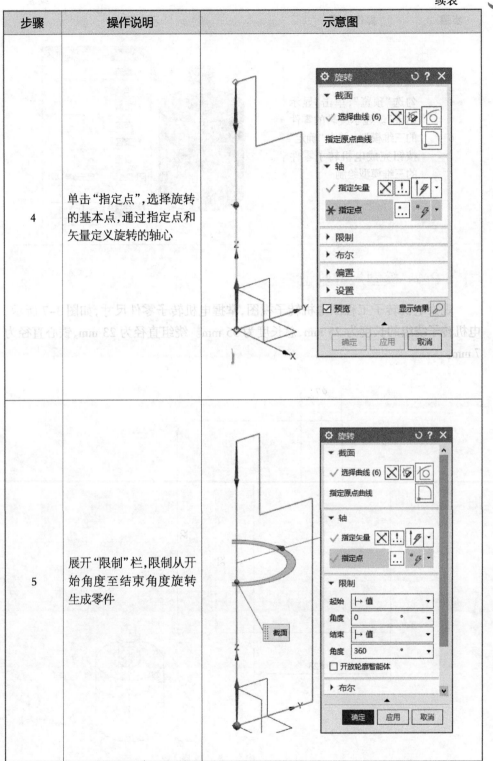
5	展开"限制"栏,限制从开始角度至结束角度旋转生成零件	

步骤	操作说明	示意图
6	勾选"预览",单击"显示结果"。显示旋转的零件的三维模型。单击"确定"按钮完成电机转子零件的三维模型绘制	

3.2.4 模型尺寸验证

观察电机转子工程图电机转子视图,掌握电机转子零件尺寸,如图 3-7 所示。电机转子绕组的长度为 25 mm,总长度为 35 mm。绕组直径为 23 mm,铁心直径为 7 mm。

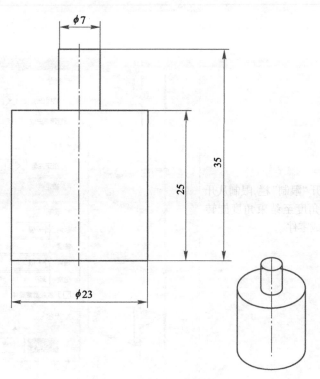

图 3-7 电机转子视图

微课:
模型尺寸验证

电机转子尺寸验证操作步骤见表3-9。

表3-9 电机转子尺寸验证

步骤	操作说明	示意图
1	单击"分析"选项卡中的"测量"按钮,对零件的尺寸进行测量	文件(F) 主页 分析 测量
2	选择绕组侧圆弧面,查看底侧圆柱直径是否为23 mm	面积 1806.4158 mm² 周长 144.5133 mm 直径 ▼ 23.0000 mm 质心 Point(0.0, 0.0, 12.5000) mm 最小曲率半径 11.5000 mm
3	选择铁心侧圆弧面,查看顶侧圆柱直径是否为7 mm	面积 219.9115 mm² 周长 43.9823 mm 直径 ▼ 7.0000 mm 质心 Point(0.0, 0.0, 30.0000) mm 最小曲率半径 3.5000 mm
4	选择直径为23 mm 的绕组顶面	YM XM 单个面:面 / 拉伸(1) 面积 = 376.9911 mm² 周长 = 94.2478 mm

步骤	操作说明	示意图
5	选择直径为 23 mm 的绕组底面	XM YM 单个面：面 / 拉伸(1) 面积 = 415.4756 mm² 周长 = 72.2566 mm
6	查看绕组底面和绕组顶面的距离是否为 25 mm	最小距离 ▼ 25.0000 mm
7	选择直径为 23 mm 的绕组底面和直径为 7 mm 的铁心顶面，查看底面和顶面的距离是否为 35 mm	中心到中心距离 ▼ 35.0000 mm

任务 3.3　加工工艺设计与 CAM 编程

教学课件:
任务 3.3

任务提出

计算机辅助制造（CAM）主要是指：利用计算机辅助完成从生产准备到产品制造整个过程的活动。通过直接或间接地把计算机与制造过程和生产设备相联系，用计算机系统进行制造过程的计划、管理以及对生产设备的控制与操作，处理产品制造过程中所需的数据，控制和处理物料（毛坯和零件等）的流动，对产品进行测试和检验等。

CAM 软件自动编程具有速度快、精度高、直观性好、使用简便、便于检查和修改等优点。CAM 编程的核心是刀位点计算，对于复杂的产品，其数控加工刀位点的人工计算十分困难。利用 CAD 生成的三维模型包含了数控编程所需要的完整的产品表面几何信息，针对几何信息进行 CAM 编程。

本任务通过学习 NX 加工模块、刀具类型与参数、加工工艺表编制等知识，完成加工环境参数设置、加工刀具类型创建、零件粗加工工序创建、零件精加工工序创建。

知识准备

3.3.1　NX 加工模块

NX CAM 提供全面的、易于使用的功能，以解决数控刀轨的生成、加工仿真和加工验证等问题。从普通的点位孔到复杂的零件，CAM 所提供的制作方案都可以高效率地加工。

NX CAM 提供了范围极广的功能，用户可以方便地采用不同的配置与加工方法满足自己的需求，如表 3-10 所示。

微课:
NX 加工模块

表 3-10　NX CAM 加工方法

序号	方法	示意图	加工方法说明
1	不含壁的底面加工		用于对棱柱上的面进行基础面铣，以高效加工棱柱部件和特征

序号	方法	示意图	加工方法说明
2	底壁铣		用于对棱柱部件上的平面进行基础面铣,切削底面和壁
3	槽铣削		切削实体上的平面,可高效加工线型槽和使用T形刀具的槽
4	平面铣		移除垂直于固定刀轴的平面层中的材料。部件上要加工的区域包括垂直于刀轴的"平的岛"和"平底面"
5	型腔铣		使用型腔铣可进行大体积除料。型腔铣移除垂直于固定刀轴的平面层中的材料。型腔铣对于粗切部件,如冲模、铸造和锻造件,是理想选择
6	深度轮廓铣		用于半精加工和精加工轮廓形状。使用垂直于刀轴的平面切削对指定层的壁进行轮廓的加工,还可以清理各层之间缝隙中遗留的材料

3.3.2 刀具类型与参数

1. 常用刀具类型

选用合理结构和高效精密的刀具能大大提高机械制造的生产效率、提高产品质量、降低生产成本。

铣刀一般是多刃刀具,由于同时参加切削的齿数多、刀刃长,并能采用较高的切削速度,故生产率高。应用不同铣刀可以加工平面、沟槽、台阶等,也可以加工齿轮、螺纹、花键轴的齿形及各种成形表面。铣刀类型如表 3-11 所示。

表 3-11　铣 刀 类 型

序号	示意图	加工方法说明
1		立铣刀:用于铣削台阶面、侧面、沟槽凹面、工件上各种形状的孔及内外曲线表面零件的加工轮廓
2		倒角刀:用于铣削各种零件的加工轮廓倒角
3		T 形刀:用于加工各种机械台面或其他构体上的 T 形槽
4		球面铣刀:用于铣削各种曲面、圆弧沟槽

2. 刀具规格参数

刀具规格包含直径、长度和刀尖角度等参数。不同规格的刀具适用于不同的加工环境。

T形铣刀:刀具包含直径 D、颈部长度 ND、下半径 R1、上半径 R2、长度 L、刀刃长度 FL 和刀刃数等参数,如图 3-8 所示。

不同的刀具具有不同的规格参数。不同的规格参数对应着不同刀具的加工方法,T 形铣刀的规格参数说明如表 3-12 所示。

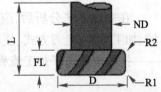

图 3-8　T 形刀具规格参数

表 3-12　T 形刀具规格参数说明

序号	名称	说明
1	直径 D	T 形铣刀的直径
2	颈部长度 ND	T 形铣刀顶端刀杆的直径
3	下半径 R1	刀具下拐角圆弧的半径
4	上半径 R2	刀具上拐角圆弧的半径
5	长度 L	刀具的长度(包括刀柄)
6	刀刃长度 FL	指定刀具的切削长度
7	刀刃数	切削刀具的刀刃数

3.3.3　加工工艺表的编制

1. 加工工艺分析方法

工艺是指加工制造产品或零件所使用的路线、设备及加工方法的总称。凡是直接改变零件形状、尺寸、相对位置和性能等,使其成为成品或半成品的过程,统称为加工工艺过程。加工工艺分析和规划的主要内容包括:

(1) 加工对象的确定:通过对模型的分析,确定这一工件的部位需要在什么样的数控机床上加工;

(2) 加工区域规划:对加工对象进行分析,按其形状特征、功能特征及精度、粗糙度等要求将加工对象分成数个加工区域;

(3) 加工工艺路线规划:从粗加工到精加工流程及加工余量的分配;

(4) 加工方式确认:如刀具类型、加工工艺参数和切削方式(刀轨形式)的选择等。

2. 电机转子加工工艺分析

以电机转子的加工为例,毛坯尺寸为 $\phi 23 \text{ mm} \times 40 \text{ mm}$ 的尼龙圆柱体。分析电机转子的尺寸参数,掌握电机转子加工流程:

(1) 掌握毛坯尺寸和零件尺寸之间的差距;

(2) 粗加工将毛坯加工至零件形状并保留一定余量;

(3) 测量零件尺寸余量,保证精加工时零件尺寸准确;

(4) 精加工零件至零件尺寸,完成零件加工。

3. 加工工序表编制

在完成工艺分析后,应填写 CAM 数控加工工序表,表中的项目应包括加工区域、加工性质、走刀方式、使用刀具、主轴转速和切削进给等选项。

按照电机转子加工流程编写数控加工工序表,如表 3-13 所示。

表 3-13　数控加工工序表

HUIBO		数控加工工序卡片				
零件名称	电机转子	零件图号		XCZBC.04.022-2		
毛坯种类	尼龙	毛坯尺寸		$\phi 23 \text{ mm} \times 40 \text{ mm}$		
设备名称	汇博数控加工中心	夹具名称		气动夹具		
工步号	工步内容	刀具号	刀具直径	量具	主轴转速 /(r/min)	进给速度 /(mm/min)
1	安装毛坯(毛坯精铣底面)	—	—	游标卡尺	—	—
2	粗铣转子外轮廓留 0.5 mm 余量	T1	$\phi 8$	外径千分尺	6 000	500
3	精铣外轮廓	T1	$\phi 8$	外径千分尺	8 000	800
编制		日期				

任务实施

3.3.4 加工环境参数设置

在开始创建加工工序之前,需要对机床坐标系、安全平面、部件轮廓、毛坯等参数进行设定。参数设定步骤如表 3-14 所示。

表 3-14 加工环境参数设置

步骤	操作说明	示意图
1	单击"应用模块"选项卡中"加工"按钮。将 CAD 环境切换为 CAM 环境	
2	双击"工序导航器"→"几何视图"→"MCS_MAIN",设定机床坐标系、夹具偏置以及安全平面	
3	将"指定机床坐标系"设为零件表面中心。"夹具偏置"设定为1。("夹具偏置"为机床工件坐标系的设定,1对应 G54,2对应 G55,以此类推)	
4	将"安全设置"栏中"安全设置选项"设置为"平面"。铣刀从一个特征移动到另一个特征必须回到安全平面上移动	

步骤	操作说明	示意图
5	单击"安全设置"栏下"指定平面",选择安全平面为零件表面,设定"距离"为 10 mm	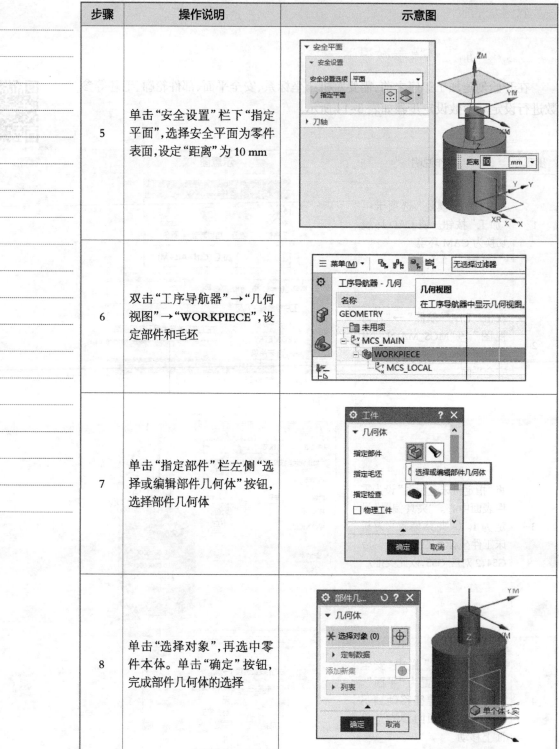
6	双击"工序导航器"→"几何视图"→"WORKPIECE",设定部件和毛坯	
7	单击"指定部件"栏左侧"选择或编辑部件几何体"按钮,选择部件几何体	
8	单击"选择对象",再选中零件本体。单击"确定"按钮,完成部件几何体的选择	

步骤	操作说明	示意图
9	单击"指定毛坯"项两个图标中左侧的"选择或编辑毛坯几何体"按钮,选择部件几何体	
10	展开"毛坯几何体"下拉选项栏,选择毛坯几何体为"包容圆柱体"	
11	设置毛坯直径为 23 mm,高度为 40 mm。参照加工工艺表设置实际毛坯尺寸	
12	勾选"显示毛坯",对毛坯进行显示和隐藏。单击"确定"按钮,完成毛坯几何体的选择	

3.3.5 刀具类型创建

根据加工工序卡创建需要使用的刀具,操作步骤如表 3-15 所示。

表 3-15　刀具类型创建

步骤	操作说明	示意图
1	单击"主页"选项卡中的"创建刀具"按钮	文件(F)　主页　分析 创建刀具　创建几何体　创建工序 插入
2	展开"类型"下拉选项栏,刀具类型选择"mill_planar" 展开"刀具子类型"下拉菜单栏,选择立铣刀,"名称"定义为"D8"。单击"确定"按钮,进入铣刀参数设置界面	创建刀具　? × ▼ 类型 mill_planar ▶ 库 ▼ 刀具子类型 ▶ 位置 ▼ 名称 D8 确定　应用　取消
3	根据刀具和工艺卡设定铣刀参数。设定铣刀参数刀具"直径"为 8 mm,"长度"为 60 mm,"刀刃长度"为 28 mm,"刀刃数"为 3。完成铣刀参数设置	铣刀-5 参数　? × 工具　刀柄　夹持器　更多 ▼ 图例 ▼ 尺寸 (D) 直径　8.0000 (R1) 下半径　0.0000 (B) 锥角　0.0000 (A) 尖角　0.0000 (L) 长度　60.0000 (FL) 刀刃长度　28.0000 刀刃数　3 (RD) 退刀槽直径　0.0000 (RL) 退刀槽长度　0.0000 确定　取消

步骤	操作说明	示意图
4	设定刀具号、补偿寄存器和刀具补偿寄存器均为1。(刀具号为加工中心刀具在刀库中的位置。1对应刀具T1,2对应刀具T2,以此类推)	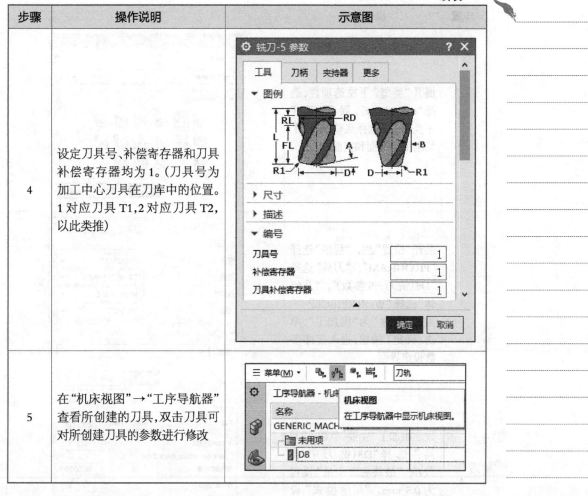
5	在"机床视图"→"工序导航器"查看所创建的刀具,双击刀具可对所创建刀具的参数进行修改	

3.3.6 零件加工工序创建

观察电机转子加工工艺卡,电机转子加工工序内容主要包含加工毛坯至零件轮廓、加工轮廓至精准尺寸。按照实际加工要求和加工工序卡生成粗加工工序。粗加工工序步骤如表3-16所示。

微课:
零件加工工序
创建

表3-16 粗加工工序创建

步骤	操作说明	示意图
1	单击"主页"→"插入"→"创建工序"按钮,新建加工工序	

步骤	操作说明	示意图
2	展开"类型"下拉选项栏,选择"mill_planar",展开"工序子类型"栏选择底壁铣,用于切削工件底面和壁面	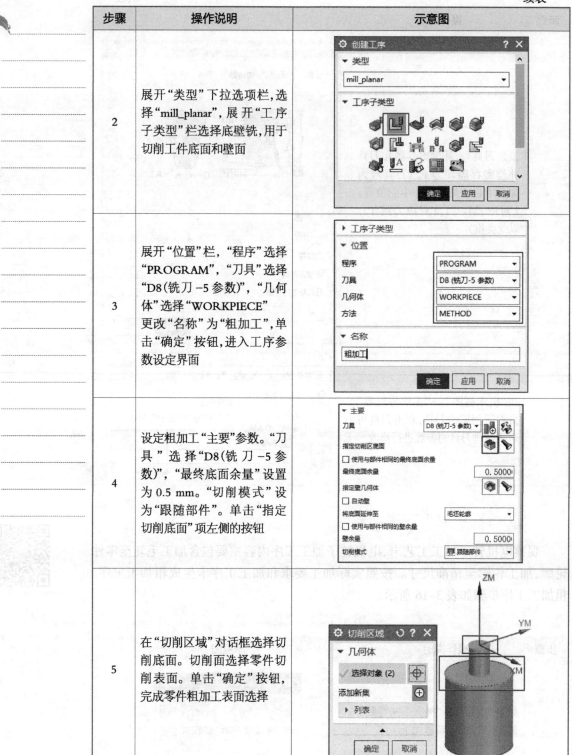
3	展开"位置"栏,"程序"选择"PROGRAM","刀具"选择"D8(铣刀 –5 参数)","几何体"选择"WORKPIECE" 更改"名称"为"粗加工",单击"确定"按钮,进入工序参数设定界面	
4	设定粗加工"主要"参数。"刀具"选择"D8(铣刀 –5 参数)","最终底面余量"设置为 0.5 mm。"切削模式"设为"跟随部件"。单击"指定切削底面"项左侧的按钮	
5	在"切削区域"对话框选择切削底面。切削面选择零件切削表面。单击"确定"按钮,完成零件粗加工表面选择	

步骤	操作说明	示意图
6	单击"主要"参数栏下"指定壁几何体"项左侧的按钮	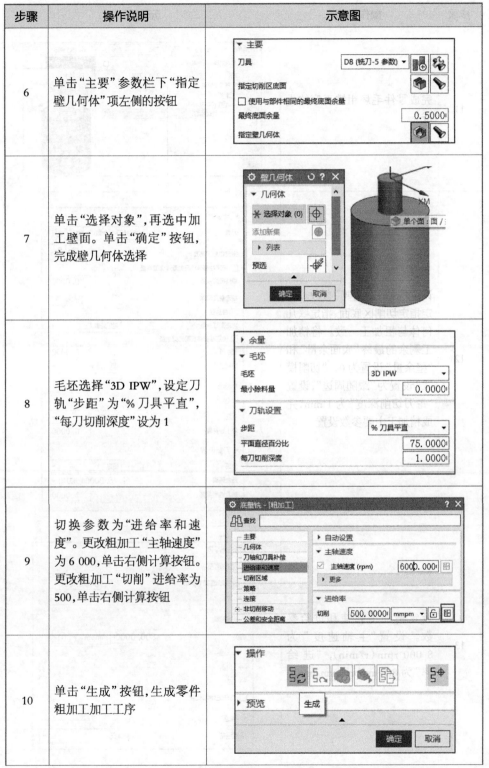
7	单击"选择对象",再选中加工壁面。单击"确定"按钮,完成壁几何体选择	
8	毛坯选择"3D IPW",设定刀轨"步距"为"% 刀具平直","每刀切削深度"设为1	
9	切换参数为"进给率和速度"。更改粗加工"主轴速度"为 6 000,单击右侧计算按钮。更改粗加工"切削"进给率为500,单击右侧计算按钮	
10	单击"生成"按钮,生成零件粗加工加工工序	

步骤	操作说明	示意图
11	完成零件毛坯粗铣工序的生成	
12	设定精加工"主要"参数。设定指定切削区底面、指定壁几何体与粗加工一致。将精加工剩余的最终"底面余量"和"壁余量"设置为 0,"切削模式"设置为"跟随周边",设置"每刀切削深度"为 1 mm,完成精加工主要参数设置	
13	设定精加工转速和进给参数。设置"主轴速度"为 8 000 rpm(r/min),"进给率"为 800 mmpm(mm/min)	

步骤	操作说明	示意图
14	单击"生成"按钮,生成零件精加工加工工序	
15	完成电机转子零件加工工序	

任务 3.4　工序仿真和程序后处理

任务提出

工序仿真是对零件加工工序进行仿真加工的过程,用于检测刀具切削轨迹。在产品的开发过程中,经过 CAM 处理后的数控加工工序,在正式加工之前,一般要完成刀具轨迹检验。

后处理是用于输出的工序文件无法用于直接加工时更改加工程序的方法。经过自动编程刀具轨迹计算产生的是刀位数据(Cutter Location Date),而不是数控加工程序。将刀位数据文件转变成指定数控加工中心能执行的数控加工程序,输入数控加工中心的数控系统,才能进行零件的数控加工。把刀位数据文件转换成指定数控加工中心能执行的数控程序的过程就称为后处理。

本任务通过学习零件加工方法和后处理,完成加工工序仿真和后处理生成程序。

知识准备

3.4.1　仿真加工

为确保数控加工过程的准确性,在数控加工之前对加工程序进行验证是一个

教学课件:
任务 3.4

微课:
仿真加工

十分重要的环节。采用仿真方法可以在计算机上模拟出加工走刀和零件切削的全过程，直接观察在切削过程中可能遇到的问题并进行调整，而不实际占用和消耗机床、工件等资源。

1. 工序仿真的主要目的

检验数控加工程序是否有过切或欠切：通过数控加工仿真，可用几何图形、图像或动画的方式模拟加工过程，从而检验加工后零件的最终几何形状是否符合要求。

碰撞干涉检查：检查数控加工过程中刀具、刀柄等与工件、夹具等是否存在碰撞干涉，从而确保能加工出符合设计要求的零件，并能够避免刀具、夹具和机床不必要的损坏。

切削过程中的力、热仿真：通过仿真切削过程中力、热等物理量，可以对零件加工过程中的受力状态、热力耦合、残余应力等进行分析，从而为加工过程控制、切削参数优化等提供参考。

切削参数优化：通过数控加工过程的仿真，发现现有轨迹中存在的问题以及参数设置有待提升的部分，从而对切削参数进行优化以提高加工效率。

刀具磨损预测：在难加工材料、高精度材料零件的加工过程中，刀具的磨损速率较快且刀具磨损会导致零件加工精度和已加工表面的完整性受到影响。

2. 仿真加工界面

刀轨可视化：用于显示每刀加工的刀轨，包含每一步的加工刀位点的 X、Y、Z 坐标的信息，可以通过滑块调整仿真加工刀位位置。仿真方法包含重播和 3D 动态，如图 3-9 所示。

重播：使用"刀轨可视化"对话框中的"重播"选项卡来查看程序运行的重播。可查看刀具在每个程序位置的情况。由于重播不包括除料，因此它是"刀轨可视化"对话框中可用的一种较快的动画演示方法。

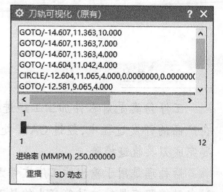

图 3-9　刀轨可视化

3D 动态：显示刀具和刀具夹持器沿着一个或多个刀轨的移动，以此显示除料过程。这种模式还允许在图形窗口中进行缩放、旋转和平移。毛坯几何体用于表示原材料或原料。

动画速度：控制刀轨仿真加工的速度。选择滑块后，刀轨按照不同的速度运行仿真加工的刀轨，如图 3-10 所示。

图 3-10　动画速度

动画控制：用于控制刀轨动画的按钮，如表 3-17 所示。

表 3-17　动　画　控　制

序号	按钮	功能
1	⏮	退回到上一工序
2	◀⏮	单步向后
3	◀	反向播放
4	⏭⏭	前进到下一工序
5	⏭	单步向前
6	▶	播放
7	■	停止

3.4.2　程序后处理

随着数控加工技术的发展，先进的数控系统不仅为用户编程提供了一般的准备功能和辅助功能，而且为编程提供了扩展数控功能的手段。

刀位数据文件必须经过后处理转换成数控加工中心各轴的运动信息后，才能驱动数控加工中心，加工出与预期设计一致的零件。后处理程序是在设计完成的待加工零件模型基础上，对已安排好的加工方式、刀具选择、下刀方式、刀路安排及切削参数等工艺参数进行运算，并编译生成加工中心能识别的 G 代码，如图 3-11 所示。

微课：
程序后处理

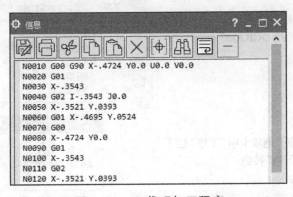

图 3-11　G 代码加工程序

后处理器：包含不同机床系统的不同后处理文件，通过单击"浏览以查找后处理器"按钮可以安装其他系统的后处理文件，如图 3-12 所示。

输出文件：输出文件将后处理完成的加工程序输出。"文件名"包含文件路径和文件名称，默认名称根据零件模型文件的位置和名称而定。文件扩展名包含 NC 输出文件的扩展名。默认扩展名为".PTP"，可以输入有效的任何扩展名。通过单击"浏览以查找输出文件"按钮可以创建输出文件的名称和路径，如图 3-13 所示。

图 3-12　后处理

图 3-13　输出文件

🚌 任务实施

3.4.3　加工工序仿真

生成加工工序之后，对加工工序进行仿真运行。通过仿真运行验证加工过程并对加工程序进行优化。工序仿真加工操作步骤如表 3-18 所示。

表 3-18　加工工序仿真

步骤	操作说明	示意图
1	选中"程序顺序视图"→"工序导航器"→"PROGRAM"	
2	单击"主页"选项卡中"工序"栏下的"确认刀轨"按钮	

步骤	操作说明	示意图
3	在"刀轨可视化"对话框设置仿真方式为"3D 动态"。显示加工刀具运行刀轨以及零件实时加工模型	⚙ 刀轨可视化(原有) ? ✕ GOTO/-14.607,11.363,10.000 GOTO/-14.607,11.363,7.000 GOTO/-14.607,11.363,4.000 GOTO/-14.604,11.042,4.000 CIRCLE/-12.604,11.065,4.000,0.0000000,0.0000000 GOTO/-12.581,9.065,4.000 1 1　　　　　　　　　　　　　12 进给率 0.000000 重播　3D 动态
4	修改"动画速度",能够清晰地观察零件加工步骤	动画速度 4 1　　　　　　　　　　　　　10
5	单击"播放"按钮,运行仿真加工工序	⏮ ◀ ◀ ▶ ▶ ⏭ ■ 播放　确定　取消
6	显示加工工序运行刀轨	

3.4.4　后处理生成程序

仿真运行程序优化完成后,可以对加工工序进行后处理。通过后处理将刀位数据文件转变成指定数控加工中心能执行的数控程序。后处理生成加工程序操作步骤如表 3-19 所示。

微课:
后处理生成
程序

表 3-19　后处理生成程序

步骤	操作说明	示意图
1	选中"程序顺序视图"→"工序导航器"下的"PROGRAM"	三 菜单(M)▼ 刀轨 / 工序导航器 程序顺序视图 / 在工序导航器中显示程序顺序视图。 / 名称 / NC_PROGRAM / 未用项 / PROGRAM / 粗加工至尺寸 ✓ D8 / 粗加工 ✓ D8 / 精加工 ✓ D8
2	单击"主页"选项卡中"工序"栏下的"后处理"按钮。处理加工工序并生成加工程序	渲染　主页　工具　应用模块 / 确认刀轨　机床仿真　后处理　更多　显示刀轨 / 工序　后处理 / 整个装配　对选定的刀轨进行后处理
3	选择适合的后处理程序	后处理　? × / ▼ 后处理器 / WIRE_EDM_4_AXIS / MILL_3_AXIS / MILL_4_AXIS / MILL_5_AXIS / LATHE_2_AXIS / MILLTURN
4	通过单击"浏览以查找后处理器"按钮，可以添加对应加工中心的后处理器文件	浏览以查找后处理器 / ▶ 后处理中心　浏览以查找后处理器
5	选择对应 FANUC 机床的后处理文件	▼ 后处理器 / MILL_4_AXIS / MILL_5_AXIS / LATHE_2_AXIS / MILLTURN / FAUNC / 浏览以查找后处理器 / ▶ 后处理中心
6	更改输出文件存储路径和文件名称。更改文件扩展名为"NC"	▼ 输出文件 / 文件名 / C:\Users\admin\Desktop\转子加工 / 文件扩展名　NC / 浏览以查找输出文件

步骤	操作说明	示意图
7	系统弹出"信息"对话框表示完成刀轨工序后处理	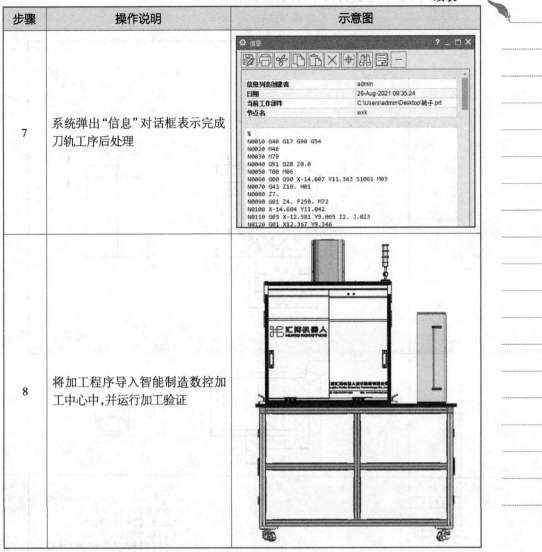
8	将加工程序导入智能制造数控加工中心中,并运行加工验证	

项目拓展

1. 基于 NX CAD 建模模块和电机外壳工程图(如图 3-14 所示)绘制电机外壳二维草图,根据二维草图使用特征操作建立零件的三维模型。要求如下:

(1) 创建零件建模工程;

(2) 根据零件特征绘制零件二维草图;

(3) 根据零件二维草图建立零件三维模型;

(4) 对模型进行特征建模完成零件三维模型;

(5) 对三维模型进行尺寸检测,验证三维模型尺寸。

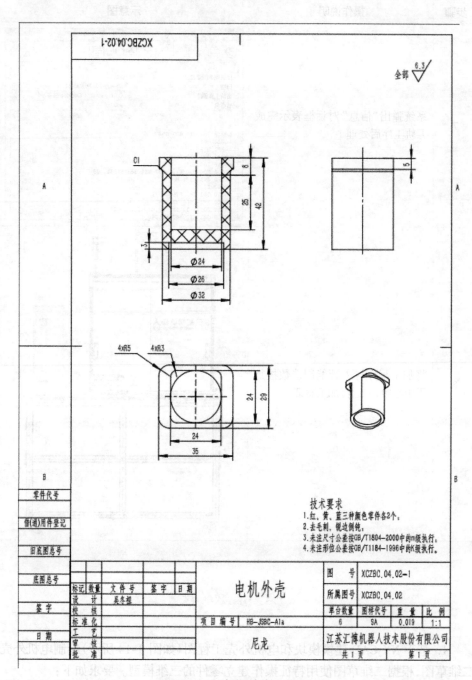

技术要求
1.红、黄、蓝三种颜色零件各2个;
2.去毛刺,锐边倒钝;
3.未注尺寸公差按GB/T1804—2000中的m级执行;
4.未注形位公差按GB/T1184—1996中的K级执行。

					电机外壳		图 号	XCZBC.04.02—1	
标记	数量	文件号	签字	日期			所属图号	XCZBC.04.02	
设 计		吴冬翅							
签 字					项目编号	HB–JSBC–A1a	单台数量	图样代号	重量	比 例
标准化							6	SA	0.019	1:1
工 艺					尼龙		江苏汇博机器人技术股份有限公司		
审 核									
批 准							共1页	第1页	

图 3–14　电机外壳工程图

2. 基于 NX CAM 加工模块和电机外壳三维模型(如图 3–15 所示)生成电机外壳加工工序,根据加工工序和后处理生成机床加工程序。要求如下:

　　根据零件特征分析零件加工方法和刀具选择;

(1) 根据零件特征编制加工工艺卡；

(2) 根据零件模型和加工工艺卡创建加工工序；

(3) 仿真加工工序优化零件加工工序；

(4) 将加工工序通过后处理器生成加工程序；

(5) 将加工程序导入加工中心加工验证。

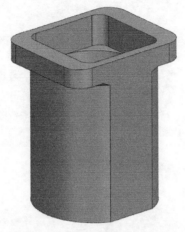

图 3-15　电机外壳三维模型

项目四　工业机器人上下料系统操作

证书技能要求

智能制造生产管理与控制证书技能要求（初级）	
2.1.1	能够根据安全规程,正确启动、停止工业机器人,安全操作工业机器人
2.1.3	能够根据工作任务要求,选择和使用手爪、吸盘等末端操作器
2.1.4	能够使用单步、连续等方式,运行工业机器人程序
2.1.5	能够根据工作任务要求,使用直线、关节、圆弧等运动指令进行示教编程

项目引入

　　工业机器人替代人工生产是未来制造业的发展趋势之一,是实现智能制造的基础,也是未来实现工业自动化、数字化、智能化的保障。工业机器人在智能制造中的应用,旨在提高制造业效率、提升产品质量,从而降低制造业生产成本,加速制造业的转型升级。为了增强工业机器人在智能制造中的应用,需加强人才培养、技术创新与性能优化等工作,加大工业机器人在智能制造中的应用广度与深度,推动智能制造的进一步发展。

　　本项目包括机床上下料系统操作准备、工业机器人程序调整和工业机器人与机床上下料调试。通过学习工业机器人虚拟仿真环境的搭建、坐标系校准原理和方法、工业机器人示教程序编辑,实现工业机器人应用程序的导入和编辑,完成工业机器人与机床上下料程序的调试。

知识目标

1. 掌握工业机器人基本应用指令
2. 了解工业机器人坐标系概念
3. 掌握工业机器人程序导入方法
4. 掌握工业机器人坐标系的设置与应用
5. 掌握工业机器人的手动操作方法

6. 掌握工业机器人程序编辑的方法
7. 了解工业机器人程序调试流程
8. 掌握工业机器人运行参数调整的方法

能力目标

1. 能够正确导入工业机器人程序
2. 能够正确完成工业机器人控制系统与仿真环境的通信配置
3. 能够使用示教器对工业机器人进行关节、线性、重定位等手动操作
4. 能够根据任务需求选择并使用合适的坐标系
5. 能够对根据需求编辑工业机器人程序
6. 能够运行工业机器人程序并优化程序运行参数
7. 能够完成工业机器人与机床上下料典型的应用调试

平台准备

仿真实训平台	工业机器人	快换装置	弧口手爪工具

立体仓库模块	关节基座工件	机床仿真模型

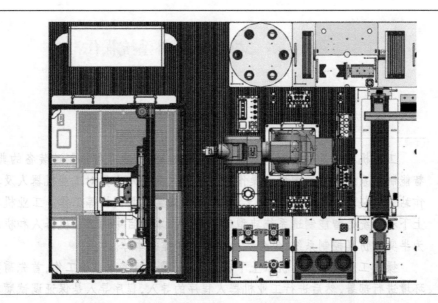

工业机器人与机床上下料虚拟仿真工作站

任务 4.1 机床上下料系统操作准备

教学课件:
任务 4.1

微课:
机床上下料系
统操作准备

微课:
工业机器人虚
拟仿真环境

任务提出

工业机器人是智能制造系统的关键组成部分,也是智能制造装备的典型代表。智能制造系统现场通常要求操作工业机器人的技术人员对工业机器人及其相关工作站进行装配、编程、调试、工艺参数更改、工装夹具更换等工作。工业机器人机床上下料系统是智能制造系统典型工作单元。本项目中的工业机器人和机床二者均为半实物仿真控制系统,包含实物控制器和虚拟本体。

操作工业机器人与机床上下料系统前,需进行基本准备工作,首先需要对运行环境进行部署,然后进行工业机器人程序的导入,程序导入是保证调试顺利进行的第一步,也是保证生产高效、顺利进行的关键。

本任务通过导入工业机器人虚拟应用环境和应用程序,配置工业机器人通信参数,完成工业机器人与机床上下料系统的操作准备。

本任务包括:虚拟仿真环境导入、工业机器人程序导入、工业机器人控制系统通信配置。

知识准备

4.1.1 工业机器人虚拟仿真环境

工业机器人主要由机器人本体、控制器和示教器三大部件组成。部件表现形式包含实物、半实物和纯虚拟三种方式,实物本体和控制器通常应用于实际生产,半实物和纯虚拟应用于工业机器人的学习、程序的验证和仿真调试。本任务中工业机器人控制器和示教器均为实物,工业机器人本体通过三维建模实现,构建工业机器人虚拟仿真环境。

1. 工业机器人虚拟仿真系统

工业机器人虚拟仿真系统主要由工业机器人仿真模型和工业机器人实物控制系统两部分组成。工业机器人仿真模型是在 NX MCD 虚拟调试环境下建立的数字孪生体,工业机器人控制系统包括控制器和示教器,且均为实物。NX MCD 虚拟仿真环境下的工业机器人虚拟模型采用 TCP 通信方式,通过外部信号配置与工业机器人控制器进行数据交互,完成虚实结合,如图 4-1 所示。

2. 上下料虚拟仿真工作站

工业机器人与机床上下料虚拟仿真工作站如图 4-2 所示,包括实训平台、快换装置、快换工具、关节基座工件和立体仓库等。该虚拟仿真工作站中工业机器人的工作流程为:工业机器人从快换支架上取出弧口手爪工具,然后到放置关节基座的仓位抓取毛坯,将毛坯放入机床,等待机床加工完毕,将半成品从机床取出,最后将半成品返回至立体仓库。

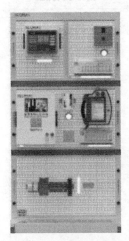

(a) 工业机器人控制系统

(b) 工业机器人仿真模型

图 4-1　工业机器人虚拟调试系统

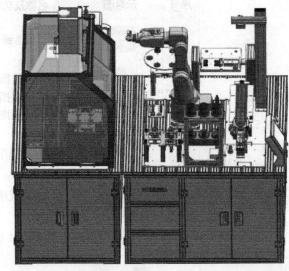

图 4-2　工业机器人与机床上下料虚拟仿真工作站

4.1.2　工业机器人示教器

示教器是工业机器人手持终端设备,用于人机交互。通过它操作者可以控制工业机器人运动,创建、修改及删除程序以及变量,完成示教编程、实现对系统的设定、故障诊断等,如图 4-3 所示。

微课:
工业机器人示
教器

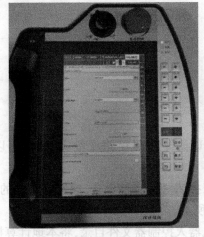
(a) 示教器正面图

(b) 示教器背面图

图 4-3　示教器

本项目中使用的示教器型号为 KeTop O70,示教器正面有 18 个按键和 3 个 LED 状态指示灯,反面有 3 个按键,其功能如表 4-1 所示。

表 4-1　示教器按键功能

序号	示意图	名称及功能	序号	示意图	名称及功能
1	菜单	菜单键	12	V+	全局速度加
2	运行 报警 使能	运行:通信指示灯 报警:报警指示灯 使能:使能指示灯	13	V-	全局速度减
3	运行	启动程序	14	2nd	换页键
4	停止	暂停程序	15	单步	切换程序运行方式
5		−J1 和 +J1 运动	16		连续运行
6	− +	−J2 和 +J2 运动	17		单步运行
7	− +	−J3 和 +J3 运动	18		动作单步
8	− +	−J4 和 +J4 运动	19	点动	坐标系切换
9	− +	−J5 和 +J5 运动	20	F1	预留
10	− +	−J6 和 +J6 运动	21	F2	预留
11	使能	伺服使能(自动模式)	22	F3	预留

4.1.3　程序导入方法

工业机器人程序的导入可以通过 U 盘等外部存储设备实现,也可以使用 Winscp 软件上传程序的方法实现。

在工业机器人控制器上的 USB 接口插入相应存储设备,通过示教器的"文件输入"操作可实现程序的导入,如图 4-4 所示。

使用 Winscp 软件可远程访问工业机器人控制器文件目录,将本地计算机文件上传到工业机器人控制器中,如图 4-5 所示。

微课:
程序导入方法

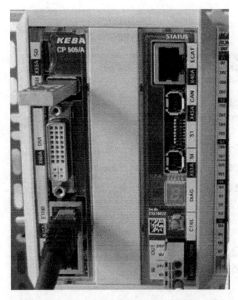

图 4-4　控制器 USB 接口

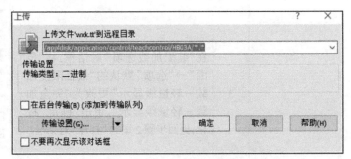

图 4-5　Winscp 上传程序

任务实施

4.1.4　虚拟仿真工作站导入

虚拟仿真工作站导入的操作步骤如表 4-2 所示。

微课：
虚拟仿真工作
站导入

表 4-2　虚拟仿真工作站导入

步骤	操作说明	示意图
1	打开 NX 软件，单击"主页"选项卡中的"打开"按钮	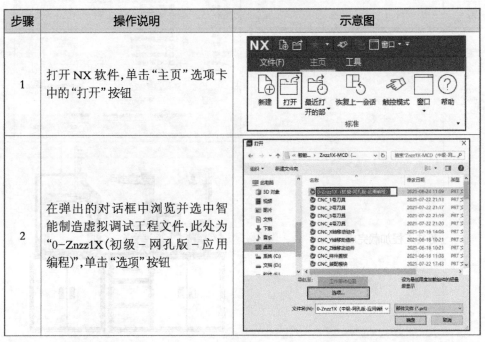
2	在弹出的对话框中浏览并选中智能制造虚拟调试工程文件，此处为"0-Znzz1X（初级 - 网孔版 - 应用编程）"，单击"选项"按钮	

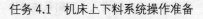

步骤	操作说明	示意图
3	在"装配加载选项"对话框,将"范围"→"选项"默认的"最低限度加载–轻量级显示"更改为"完全加载–轻量级显示",单击"确定"按钮,返回步骤2里的"打开"对话框	
4	单击"确定"按钮,返回主界面	
5	等待工程加载完成	

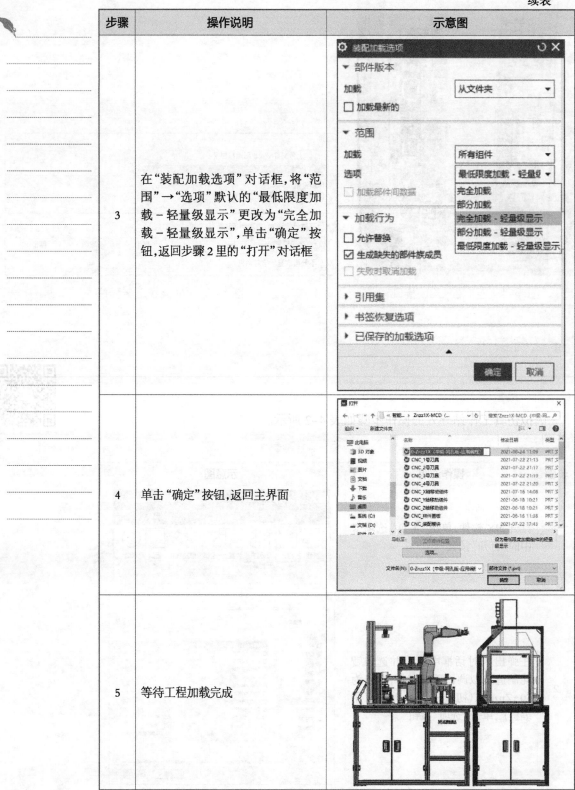

4.1.5　工业机器人程序导入

使用 U 盘导入工业机器人程序的操作步骤如表 4-3 所示。

微课:
工业机器人程
序导入

表 4-3　U 盘导入工业机器人程序

步骤	操作说明	示意图
1	将 U 盘插入控制器上的 USB 接口	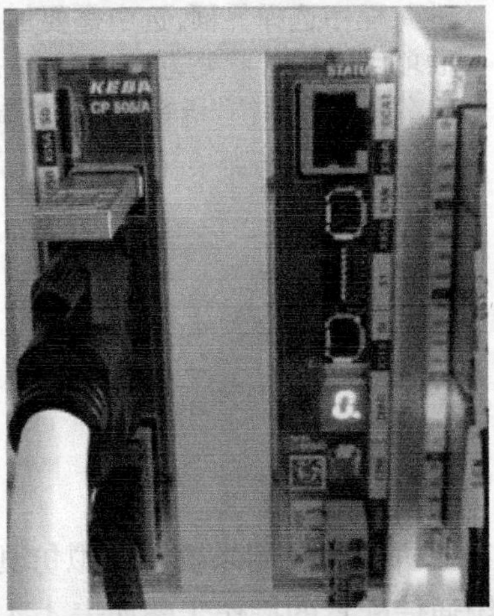
2	单击"菜单"按键,在弹出的窗口选中"文件夹"图标,单击"项目",进入项目界面	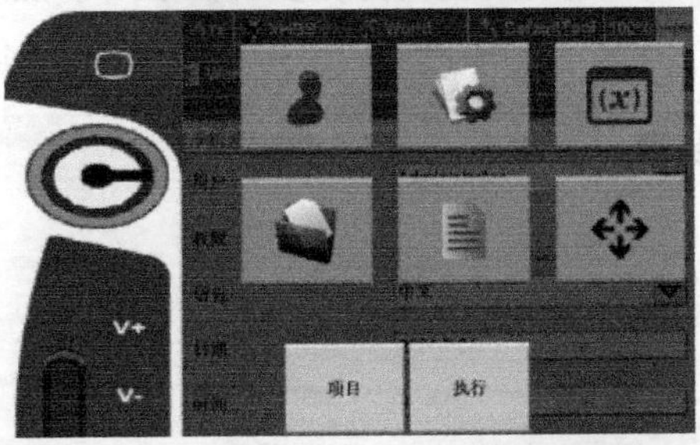
3	单击文件界面右下角的"文件",在弹出列表中选中"输入"	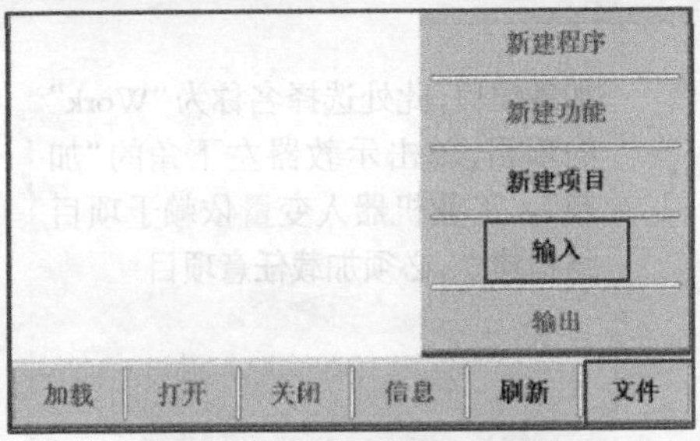
4	弹出"项目/程序文件导入"对话框,选中"控制器"导入程序,单击"√"按钮	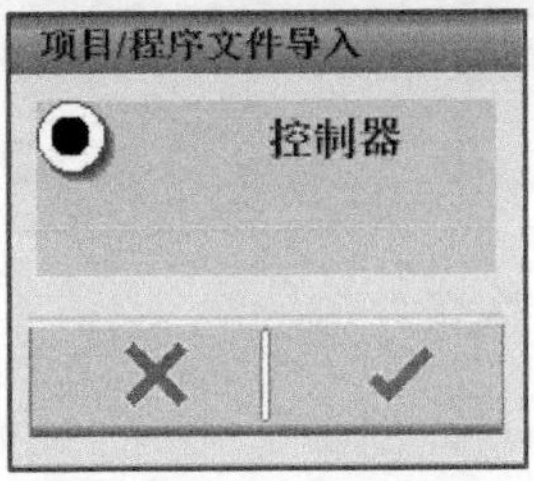

步骤	操作说明	示意图
5	进入程序选择界面,选中需要加载的项目(程序),此处为"Work",单击"√"按钮。等待"所有文件已复制"提示,复制完成	 搜索文件 项目/程序 ➕ Work ✕ ✓

微课:
工业机器人通
信配置

4.1.6　工业机器人通信配置

工业机器人控制系统与虚拟仿真环境通过 TCP 以太网通信方式建立连接,控制系统通信配置的操作步骤如表 4-4 所示。

表 4-4　控制系统通信配置

步骤	操作说明	示意图
1	加载项目,此处选择名称为"Work"的项目,单击示教器左下角的"加载"。工业机器人变量依赖于项目结构建立,必须加载任意项目	T1 XHBS World DefaultTool 50% 16 项目／状态／设置 ➕ 应用／被加载 ➕ 机器／被加载 ➕ Work／--- ➕ ZnzzDemo／--- 加载　打开　关闭　信息　刷新　文件

步骤	操作说明	示意图
2	工程加载完毕后,再次单击示教器左上角的"菜单",选中"(x)"图标,单击"变量监测"打开"变量监测"界面	
3	展开"应用"栏中的"程序[IEC]"变量列表	S 系统 A 应用 程序:[IEC] A_nByte: ARRAY OF BYT A_nInt: ARRAY OF INT A_nReal: ARRAY OF REA A_pCP: ARRAY OF CART AI: ARRAY OF INT CONS
4	操作右侧滚动条向下翻页,勾选名称为"RB_Interface_On"的变量,启用工业机器人与仿真环境的通信。确认通信端口变量 RB_Interface_Port 为 2 700	变量 / 数值 Modbus_Host_IP: STRIN 192.168.8.10 Modbus_Host_Port: UINT 503 ModbusTCP_Connect: B RB_Info_IoAIn: ARRAY O RB_Info_IoAOut: ARRAY RB_Info_IoIIn: ARRAY OF RB_Info_IoIout: ARRAY O RB_Interface_On: BOOL ✔ RB_Interface_Port: UINT 2,700 RB_Interface_RCV_FC: E ✔ RB_Interface_Sim_FC: B ✔
5	继续翻页,勾选名称为"XPLC_Server_req"的变量,启用工业机器人与 PLC 的通信 确认通信端口变量"XPLX_Host_Port"的值为 2 001。如无法通信,可取消勾选后再次勾选,重新连接	SySMb_IoAOut: ARRAY SySMb_IoIIn: ARRAY OF SySMb_IoIout: ARRAY OF TOOLTYPE: USINT CONS 0 UD_INT: ARRAY OF INT UD_REAL: ARRAY OF RI UserDefineIntIn: ARRAY UserDefineIntOUT: ARRA UserDefineRealIn: ARRAY UserDefineRealOUT: ARR XPLC_Host_IP: STRING 192.168.8.10 XPLC_Server_req: BOOL ✔ XPLX_Host_Port: UINT 2,001

步骤	操作说明	示意图
6	NX 软件中,在软件"主页"选项卡中,单击"符号表"按钮,在弹出菜单中选择"外部信号配置"	符号表 添加组件 导出至 ECAD 导出载荷曲线 导出凸轮曲线 符号表 信号映射 设计协同 外部信号配置 配置客户端的外部信号。
7	在"外部信号配置"对话框中,选中"OPC UA"选项卡,单击右侧刷新图标,若服务器"状态"信息为"相连",则单击"确定"按钮	外部信号配置 TCP UDP PROFINET FMU 创建 MyVirtual 机器 OPC DA OPC UA SHM MATLAB PLCSIM Adv ▼服务器信息 安全类型 状态 所有者部件 //192.168... None - None 相连 0-Znzz1X (中 确定 取消
8	再次打开"外部信号配置"对话框,选中"TCP"选项卡,单击右侧刷新图标,若服务器"状态"信息为"可访问",则单击"确定"按钮	外部信号配置 OPC DA OPC UA SHM MATLAB PLCSIM Adv TCP UDP PROFINET FMU 创建 MyVirtual 机器 ▼连接 服务器端口 字节序 状态 所有 2700 小字节序 可访问 0-Zr 确定 取消
9	在"主页"选项卡中单击"播放"按钮,确认 NX MCD 能够正常运行且无报错	NX 窗口 文件(F) 主页 建模 装配 曲线 分析 视 需求 功能 逻辑 相关对象 草图 拉伸 合并 块 播放 停止 系统工程 机械概念 菜单(M) 无选择过滤器 整个装配
10	使用示教器手动操作工业机器人运动,确认机器人本体仿真模型随之进行动作	

任务 4.2　工业机器人程序调整

任务提出

　　工业机器人具有工作效率高、稳定可靠、重复精度好等优势,但在实际使用时,也需根据生产实时情况对程序进行编辑调整以保证生产需求。

　　一般情况下,当工业机器人坐标系发生变化时,程序中基于该坐标系的位置信息均会发生变化,因此工业机器人与机床上下料程序的调整需要对坐标系进行校准;当工业机器人目标位置发生变化时,需要通过示教等方式更新工业机器人运动位置信息,以保证工业机器人轨迹的合理和运行的安全。

　　本任务通过工业机器人工件坐标系的标定、位置数据的修改,完成工业机器人坐标系的校准、示教记录和手动运行测试,实现工业机器人与机床上下料的程序调整。本任务主要包括工业机器人工件坐标系标定、工业机器人位置数据修改和工业机器人手动运行测试。

知识准备

4.2.1　工件坐标系校准原理及方法

1. 工件坐标系

　　坐标系是为确定工业机器人的位置和姿态而在工业机器人或空间上进行定义的位置坐标系统。工业机器人常见的坐标系包括关节坐标系、世界坐标系、工具坐标系和工件(用户)坐标系等。

　　工件坐标系用于定义工件相对于大地坐标系或者其他坐标系的位置,具有两个作用:一是方便用户以工件平面方向为参考手动操作调试;二是当工件位置更改后,通过重新定义该坐标系,工业机器人即可正常作业,不需要对工业机器人程序进行修改。

　　如图 4-6 所示,工业机器人在斜面 1 标定的工件坐标系完成作业任务,当斜面发生变化,更换不同位置后,只要重新标定工件坐标系斜面 2,程序中所有位置信息也会在新坐标系下随之更新。

2. 工件坐标系标定方法

　　工件坐标系原点和方向按照用户的指定进行设置,在工作台的平面上,定义三个点,就可以建立一个用户框架。如图 4-7 所示,$X1$ 点确定工件坐标系的原点,$X1$、$X2$ 确定工件坐标系 X 轴及其正方向;$Y1$ 点确定工件坐标系 Y 轴及其正方向。Y 轴与 X 轴的交点即为坐标系原点,根据右手定则即可确定工件坐标系。

教学课件:
任务 4.2

微课:
工业机器人程序调整

微课:
工件坐标系校准原理及方法

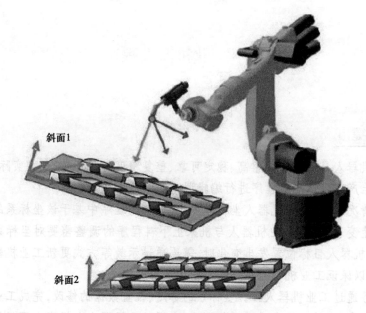

斜面1

斜面2

图 4-6　工件坐标系标定示意图

在工业机器人系统中,工件坐标系标定有三种方法:3 点法、3 点(无原点)法和 1 点(保持位姿)法。

3 点法:通过示教原点、轴上一点和平面上一点进行工件坐标系的原点和方向确定,如图 4-8 所示。

3 点(无原点)法:通过示教一条轴上的两点,再示教另一条轴上的一点,进行工件坐标系的原点和方向确定,如图 4-9 所示。

1 点(保持位姿)法:设定的工件坐标系的方向与基坐标系一致,仅示教原点,即对基坐标系的平移,如图 4-10 所示。

以上三种方法的操作流程相似,按照程序引导操作完成每一个关键点的示教即可。

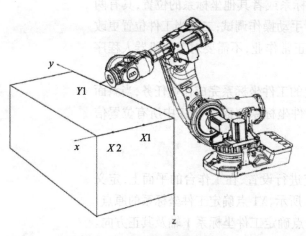

图 4-7　工件坐标系原理

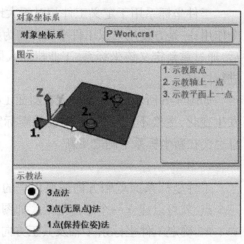

图 4-8　工件坐标系 3 点法

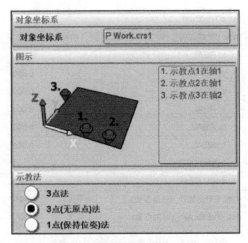

图 4-9　工件坐标系 3 点（无原点）法

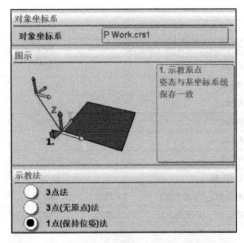

图 4-10　工件坐标系 1 点（保持姿态）法

4.2.2　运动指令

运动指令是描述工业机器人运动的关键指令，指定工业机器人在执行示教点之间的运动轨迹。运动指令包含运动类型、位置数据类型、移动速度、定位类型、动作附加指令等信息。工业机器人运动指令一般包含：PTP（关节运动）和 Lin（直线运动）等。

微课：
运动指令

1. PTP 运动指令

PTP 指令表示工业机器人 TCP 末端将进行点到点的运动，各轴均以恒定轴速率运动，且所有轴均同时达到目的点。使用 PTP 指令可配置三个参数，分别是"pos""dyn""ovl"，如图 4-11 所示，其中 dyn 和 ovl 是可选参数，根据需求选择是否使用。

pos：pos 表示目标点的位置，用于记录工业机器人 a1~a6 各轴当前相对于零点的角度。

dyn：dyn 配置工业机器人运动的动态参数，包含点到点、线性运动和姿态变化运动参数，主要用于控制工业机器人在运动过程中的速度、加速度和减速度等，PTP 运动中值的大小，表示轴速度的百分比，线性和姿态动态参数使用绝对值。

ovl：ovl 用于配置工业机器人运动逼近参数，分为相对逼近参数和绝对逼近参数。相对逼近参数（OVLREL）定义了工业机器人运动逼近的百分比，而绝对逼近参数（OVLABS）定义了工业机器人运动逼近可以允许的最大偏差。

2. Lin 运动指令

Lin 运动指令是一种线性运动命令，表示工业机器人 TCP（工具中心点）以直线移动到目标位置。当直线运动的起点与目标点的姿态不同时，TCP 从起点位置直线运动到目标位置的同时，姿态通过连续插补的方式从起点姿态过渡到目标点的姿态，如图 4-12 所示。

Lin 指令同 PTP 指令一样，具有"pos""dyn""ovl"三个参数，其中 dyn 和 ovl 参数也是可选的，同 PTP 指令相应的参数功能相同，根据实际需求进行选择。

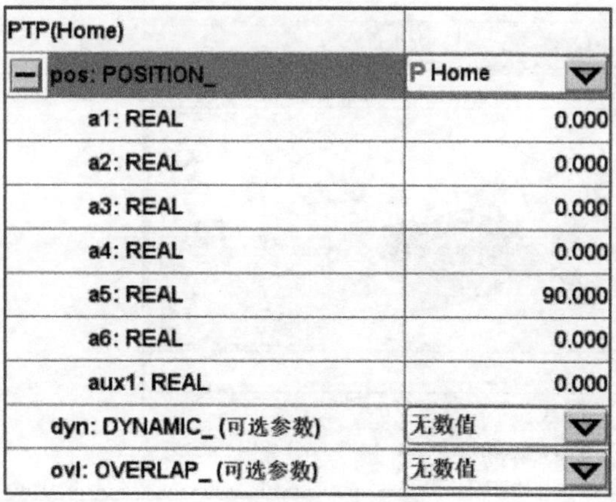

PTP(Home)
pos: POSITION_
P Home
a1: REAL
0.000
a2: REAL
0.000
a3: REAL
0.000
a4: REAL
0.000
a5: REAL
90.000
a6: REAL
0.000
aux1: REAL
0.000
dyn: DYNAMIC_ (可选参数)
无数值
ovl: OVERLAP_ (可选参数)
无数值

图 4-11　PTP 指令参数

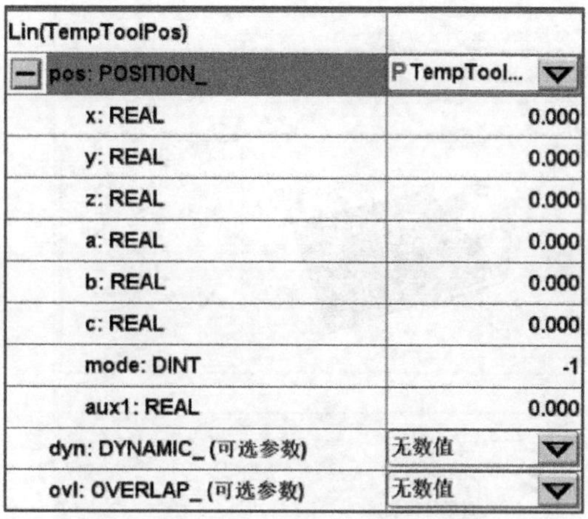

Lin(TempToolPos)
pos: POSITION_
P TempTool...
x: REAL
0.000
y: REAL
0.000
z: REAL
0.000
a: REAL
0.000
b: REAL
0.000
c: REAL
0.000
mode: DINT
-1
aux1: REAL
0.000
dyn: DYNAMIC_ (可选参数)
无数值
ovl: OVERLAP_ (可选参数)
无数值

图 4-12　Lin 直线运动指令参数

微课：
位置修改方法

4.2.3　位置修改方法

工业机器人程序位置包含在位置变量中，根据指令的不同使用相应类型的变量。位置变量的示教有两种方式：程序示教和变量示教。

1. 程序示教

双击运动指令或选中指令后选择编辑模式，可进入目标点位置数据界面。如图 4-13(a)所示为“PTP”指令位置的编辑界面，选中图 4-13(b)所示的需要修改位置变量的参数“pos”，手动移动工业机器人到新的目标点，单击“示教”可将当前工业机器人关节角度写入对应的位置变量。

其他运动指令也可按照同样方法操作，系统将根据位置变量类型写入相应数据。

ToolPick
CONT 行 7 (2)
2 RefSys(World)
3 PTP(Home)
4 WaitIsFinished()
5 IEC.DO1[1] := TRUE
6 IEC.DO1[2] := FALSE
PTP(ToolHome)
8 WaitIsFinished()
9 ToolPos := ToolHuKouPos
10 ToolPos.z := ToolHuKouPos.z + 150
11 Lin(ToolPos)
12 Lin(ToolHuKouPos)
13 WaitIsFinished()
14 IEC.DO1[1] := FALSE
编辑
宏
新建
设置PC
编辑
高级
名字
数值
PTP(ToolHome)
pos: POSITION_
P ToolHome
a1: REAL
90.000
a2: REAL
0.000
a3: REAL
0.000
a4: REAL
0.000
a5: REAL
90.000
a6: REAL
0.000
aux1: REAL
0.000
dyn: DYNAMIC_ (可选参数)
无数值
ovl: OVERLAP_ (可选参数)
无数值
PTP(ToolHome)
变量
示教
DO
添加
值
取消
确认

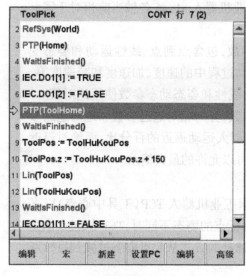

(a) 指令编辑　　(b) 变量示教

图 4-13　位置数据

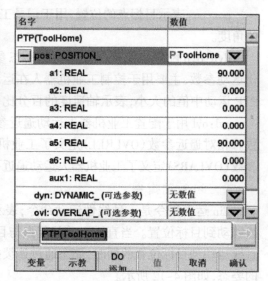

2. 变量示教

系统中所有变量均可在变量监测界面进行新建、编辑等操作。当用户程序被加载，如图 4-14(a)所示，变量监测界面将更新显示程序中已声明的变量。

在变量监控画面中，选择已加载的用户程序展开，可显示对应全局或局部变量以及变量的所有参数。移动工业机器人到目标位置后，如图 4-14(b)所示，单击"示教"可更新位置变量数据。

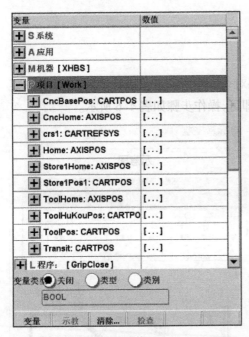

(a) 变量监控

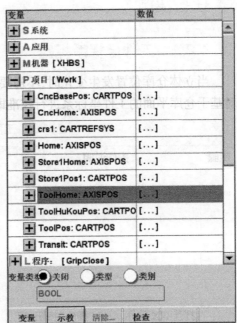

(b) 变量位置示教

图 4-14　变量示教

3. 程序示教点位

程序中包含工业机器人工作流程中所有用于描述运动关键点的位置变量，其中与工作目标直接相关的可视为关键变量，必须准确示教。其余用于保证工业机器人运行安全所使用的过渡点，可以根据需求微调。在本任务中，需要示教的位置变量及位置描述如表 4-5 所示。

表 4-5　示教位置变量说明

序号	名称	所在程序	位置描述
1	Home	ToolPick	工业机器人原点
2	ToolHome	ToolPick	工业机器人取放快换工具原点
3	ToolHuKouPos	ToolPick	弧口手爪工具取放位置
4	Store1Home	PickPartFromStore	工业机器人从立体仓库取放料的原点

序号	名称	所在程序	位置描述
5	Store1Pos1	PickPartFromStore	立体仓库 1 号仓位
6	CncHome	PickPartFromCnc	工业机器人从 CNC 取放料的原点
7	CncBasePos	PickPartFromCnc	基座工件在 CNC 中的加工位置

🚛 任务实施

微课：
工件坐标系标
定

4.2.4 工件坐标系标定

当立体仓库位置发生变化时，不需要对仓库中所有点位进行重新示教，只需要对基于仓库平面的工件坐标系进行校准即可，操作步骤如表 4-6 所示。

表 4-6 工件坐标系校准

步骤	操作说明	示意图
1	打开 NX 软件，单击"播放"按钮，启动运行"0-Znzz1X(初级 – 网孔版 – 应用编程)"虚拟仿真程序	
2	按下示教器菜单，单击变量"(x)"图标，在弹出的变量窗口中，单击"对象坐标系"按钮	

步骤	操作说明	示意图
3	单击窗口上方"对象坐标系"右侧下拉菜单，选中工件坐标系变量，此处为"Work.crs1"，"基坐标系"设置为"World"，单击"设置"按钮	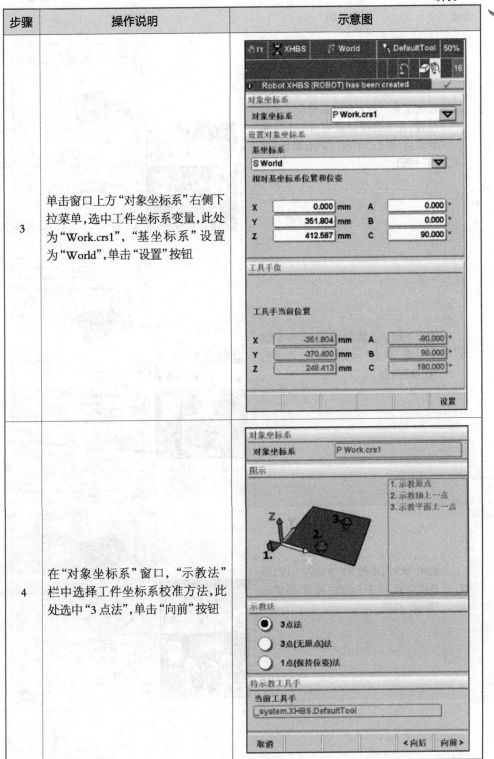
4	在"对象坐标系"窗口，"示教法"栏中选择工件坐标系校准方法，此处选中"3点法"，单击"向前"按钮	

步骤	操作说明	示意图
5	移动工业机器人至仓库仓位 1 抓取位置,定义当前位置为用户坐标系的原点,单击"示教"按钮,单击"向前"按钮	
6	选中"**X**",示教对象坐标系 *X* 轴上一点,单击"示教"按钮,再单击"向前"按钮	
7	选中"**XY**",示教 *XY* 平面内一点,示教完毕后,单击"示教"按钮,再单击"向前"按钮	

步骤	操作说明	示意图
8	返回到"对象坐标系"界面,系统自动计算对象坐标系相对于基坐标系位置和姿态,单击"确定按钮",工件坐标系 crs1 标定完成	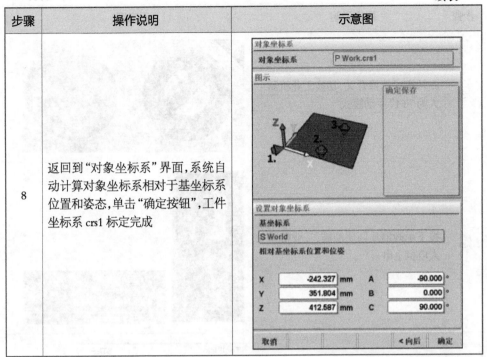

4.2.5 手动运行测试

示教位置数据修改更新后,手动运行测试程序的准确性,操作步骤如表 4-7 所示。

微课:
手动运行测试

表 4-7 手动运行测试

步骤	操作说明	示意图
1	重复单击示教器背面全局速度加、减("V+"和"V-"),调整工业机器人全局运行速度为 50%	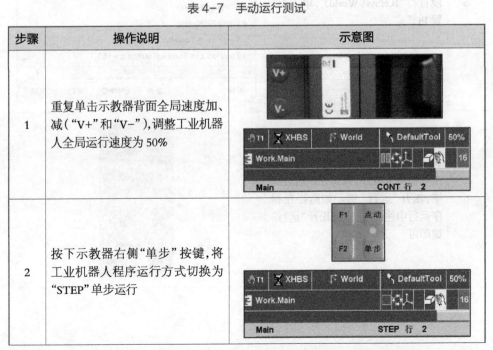
2	按下示教器右侧"单步"按键,将工业机器人程序运行方式切换为"STEP"单步运行	

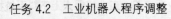

步骤	操作说明	示意图
3	旋转模式选择开关,切换工业机器人为"T1"手动模式	
4	按下示教器反面使能键,工业机器人电机上电	
5	将绿色光标移至需要运行的程序段首行"RefSys(World)",单击"设置PC"	
6	长按示教器上"运行"键,手动运行工业机器人程序,直到程序运行完毕,松开"运行"键。如需要在程序运行中途停止,直接松开"运行"键即可	

步骤	操作说明	示意图
7	在仿真软件中,工业机器人将按照程序规划的路径拾取快换工具依次运行其他子程序,检查示教位置的准确性	

4.2.6 位置数据修改

微课:
位置数据修改

程序指令中的工业机器人运动目标点的位置修改,结合表4-5中示教的位置变量。位置变量数据的修改,必须切换不同坐标系进行,否则会导致工业机器人运行时发生不可预计的错误动作,发生安全事故。工业机器人与机床上下料所包含的位置数据中,"Store1Pos1"是在工件坐标系"crs1"下示教,且必须在"crs1"坐标系下完成的,其余位置数据均在"World"坐标系下示教完成,操作步骤如表4-8所示。

表4-8 位置数据修改

步骤	操作说明	示意图
1	加载示例工程"Work",打开变量监测,展开工程中的变量列表,确认当前坐标系为"World",正常情况下开机默认的坐标系即为World	T1 XHBS World DefaultTool 50% 16 变量／数值 S 系统／A 应用／M 机器 [XHBS]／P 项目 [Work]／CncBasePos: CARTPOS [...]／CncHome: AXISPOS [...]

步骤	操作说明	示意图
2	将工业机器人手动移动到Tool-Home取放快换工具安全位置	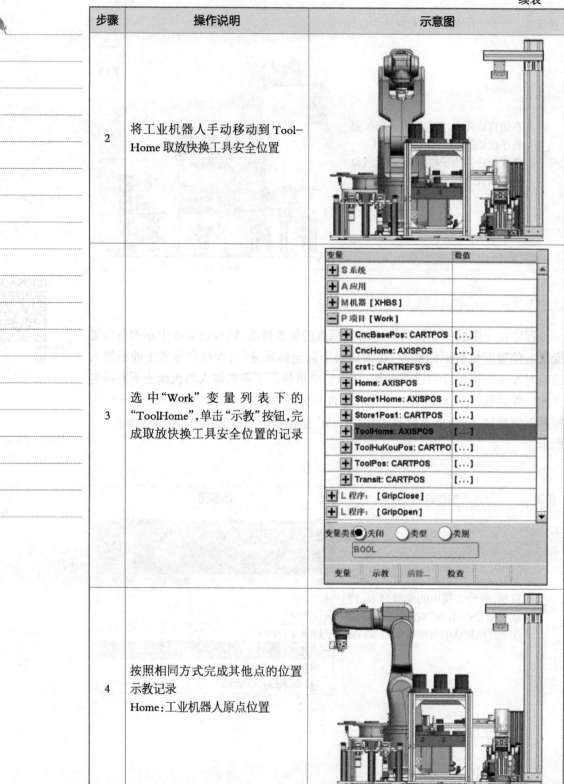
3	选中"Work"变量列表下的"ToolHome",单击"示教"按钮,完成取放快换工具安全位置的记录	**变量** / **数值** S 系统 A 应用 M 机器 [XHBS] P 项目 [Work] 　CncBasePos: CARTPOS [...] 　CncHome: AXISPOS [...] 　crs1: CARTREFSYS [...] 　Home: AXISPOS [...] 　Store1Home: AXISPOS [...] 　Store1Pos1: CARTPOS [...] 　ToolHome: AXISPOS [...] 　ToolHuKouPos: CARTPO [...] 　ToolPos: CARTPOS [...] 　Transit: CARTPOS [...] L 程序: [GripClose] L 程序: [GripOpen] 变量类型 关闭 类型 类别 BOOL 变量 示教 清除... 检查
4	按照相同方式完成其他点的位置示教记录 Home:工业机器人原点位置	

步骤	操作说明	示意图
5	ToolHuKouPos：弧口手爪工具抓取位置	
6	Store1Home：仓库安全位置	
7	CncHome：机床安全位置	
8	CncBasePos：基座放置到机床加工位置	

步骤	操作说明	示意图
9	选中子程序"PickPartFromStore"，单击"加载"按钮	<table><tr><td>Work</td><td>被加载</td></tr><tr><td>GripClose</td><td>---</td></tr><tr><td>GripOpen</td><td>---</td></tr><tr><td>Main</td><td>---</td></tr><tr><td>PickPartFromCnc</td><td>---</td></tr><tr><td>PickPartFromStore</td><td>中断</td></tr><tr><td>PutPartToCnc</td><td>---</td></tr><tr><td>PutPartToStore</td><td>---</td></tr><tr><td>ToolPick</td><td>---</td></tr><tr><td>ToolPut</td><td>---</td></tr><tr><td>ZnzzDemo</td><td>---</td></tr></table> 加载　打开　终止　信息　刷新　文件
10	运行首行"RefSys（crs1）"指令，确认当前坐标系为"crs1"	T1　XHBS　crs1　DefaultTool　50% Work.PickPartFromStore　16 PickPartFromStore　CONT 行 2 (4) RefSys(crs1) 3　CALL GripOpen() 4　PTP(Store1Home) 5　Transit := Store1Pos1 6　Transit.z := Transit.z + 30 7　Transit.y := Transit.y -80 8　WaitIsFinished()
11	在用户坐标系"crs1"下，移动工业机器人至仓位1基座位置	
12	选中"Store1Pos1"变量，单击"示教"按钮，完成基于工件坐标系下立体仓位位置1示教记录。至此工业机器人与机床上下料位置数据修改示教全部完成	Store1Home: AXISPOS　[...] Store1Pos1: CARTPOS　[...] x: REAL　1.756 y: REAL　1.097 z: REAL　2.050 a: REAL　89.792 b: REAL　90.374 c: REAL　-89.598 mode: DINT　1 变量类型　关闭　类型　类别 BOOL 变量　示教　清除...　检查

任务 4.3　智能制造系统上下料程序调试

任务提出

教学课件：
任务 4.3

工业机器人作为智能制造系统高度发展的产物，在现代制造业中正被广泛应用，工业机器人能根据加工对象的不同自动变换制造系统，支持多种生产模式。随着智能制造技术的发展，工业机器人常应用于上下料、焊接、装配、码垛、喷涂等多个制造领域，能满足"快速、大批量加工节拍""节省人力成本""提高生产效率"等要求，成为智能制造领域不可缺少的关键环节。

本任务通过智能制造系统工业机器人 I/O 信号的手动测试、工业机器人与机床上下料程序自动调试、工业机器人与机床上下料程序的优化，完成智能制造系统上下料程序的调试，掌握工业机器人在实际生产中应用的基本知识和操作技能。

本任务主要包括工业机器人 I/O 信号手动测试、工业机器人与机床上下料程序自动调试和工业机器人与机床上下料程序的优化。

微课：
智能制造系统
上下料程序调
试

知识准备

4.3.1 I/O 信号

I/O 是 Input/Output 的缩写，即输入 / 输出端口。每个设备都会有一个专用的 I/O 地址，用来处理输入 / 输出信息。工业机器人通过 I/O 信号监测周边传感器信号和末端执行器的动作控制，如按钮、开关、传感器、电磁阀和继电器等。

微课：
I/O 信号

工业机器人末端执行器是工业机器人完成机床上下料的关键部件，工业机器人与机床上下料系统中 I/O 控制信号包含：快换工具主盘锁紧、主盘松开、手爪张开、手爪闭合和吸盘吸取 5 个 I/O 信号。I/O 信号用于控制工业机器人对快换工具的取放，以及工业机器人末端执行器对工件的取放，工业器人 I/O 信号地址及含义如表 4-9 所示。

表 4-9　快换工具气动动作表

地址	主盘锁紧	主盘松开	手爪闭合	手爪张开	吸盘吸取
IEC.DO1［1］		√			
IEC.DO1［2］	√				
IEC.DO1［3］			√		
IEC.DO1［4］				√	
IEC.DO1［5］					√

微课：
工业机器人上
下料调试流程

微课：
dyn 动态参数

4.3.2 工业机器人上下料调试流程

工业机器人调试，按照由手动测试到自动模式运行程序的过程，遵循"由简到难"和"手动—自动"的原则，通常包含：工业机器人 I/O 信号的手动测试、坐标系的设定、关键位置示教、运行参数调整、手动运行调试、自动低速运行调试和自动高速运行调试，最终完成工业机器人调试，如图 4-15 所示。

4.3.3 dyn 动态参数

dyn 表示执行这条指令过程中工业机器人的动态参数，包含点到点运动参数、线性运动参数和姿态变化参数三个部分，根据运动指令的类型选择相应参数，设置工业机器人运动过程中的动态参数，主要应用于对工业机器人运动轨迹和速度的优化，如图 4-16 所示。

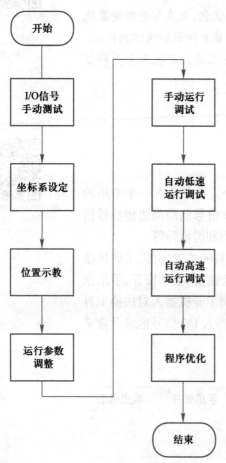

图 4-15 工业机器人调试流程

PTP(Home,speed)		
+ pos: POSITION_		P Home ▼
− dyn: DYNAMIC_ (可选参数)		P speed ▼
1	velAxis: PERCENT	50
	accAxis: PERCENT	100
	decAxis: PERCENT	100
	jerkAxis: PERCENT	100
2	vel: REAL	250.000
	acc: REAL	5,000.000
	dec: REAL	5,000.000
	jerk: REAL	1,000,000.000
3	velOri: REAL	90.000
	accOri: REAL	180.000
	decOri: REAL	180.000
	jerkOri: REAL	1,000,000.000
ovl: OVERLAP_ (可选参数)		无数值 ▼

1—点到点运动参数　2—线性运动参数　3—姿态变化参数

图 4-16 dyn 参数

点到点运动参数:velAxis、accAxis、decAxis、jerkAxis 分别表示在自动运行模式下运动时的轴速度、轴加速度、轴减速度、轴的加加速度,适用于 PTP、PTPRel 指令,其值是一个相对于最大值的百分比,该值的范围是 0~100。

线性运动参数:vel、acc、dec、jerk 分别表示在自动运行模式下运动时 TCP 点的速度、加速度、减速度和加加速度,单位依次为 mm/s、mm/s^2、mm/s^2、mm/s^3,适用于 Lin、LinRel、Circ 等指令。

姿态变化参数:velOri、accOri、decOri、jerkOri 分别表示在自动运行模式下运动时 TCP 姿态变化的速度、加速度、减速度和加加速度,单位依次为 °/s、$°/s^2$、$°/s^2$、$°/s^3$,适用于线性运动时姿态变化。

例如,点到点 PTP(Home,Speed)运动指令中,Speed 是 dyn 类型的速度参数,点到点运动参数 velAxis 默认数值为 50,工业机器人在自动运行模式下,轴运动速度 = 全局速度 ×50%,若将 velAxis 的数值修改为 20,则轴运动速度 = 全局速度 ×20%。同理在线性 Lin(Home,Speed)指令中,若修改线性运动参数 vel 的值为 100,则工业机器人在自动运行模式下,TCP 运行速度 = 全局速度 ×100%,通过修改 dyn 运动参数大小,调整工业机器人实际运行速度。

微课:
I/O 信号手动
测试

🚜 任务实施

4.3.4 I/O 信号手动测试

按照工业机器人调试流程,对工业机器人 I/O 控制信号进行手动测试,操作步骤如表 4-10 所示。

表 4-10 I/O 信号手动测试

步骤	操作说明	示意图
1	手动操作工业机器人示教器,在虚拟仿真环境中,移动工业机器人至弧口手爪工具"ToolHuKouPos"抓取位置	

步骤	操作说明	示意图
2	在示教器中,展开"应用"中"程序:IEC"变量,通过右侧滚动条向下翻页,勾选 I/O 变量"DO1[2]",快换工具主盘锁紧	变量 / 数值 S 系统 A 应用 L 程序: [IEC] A_nByte: ARRAY OF A_nInt: ARRAY OF IN A_nReal: ARRAY OF A_pCP: ARRAY OF C AI: ARRAY OF INT CO Analysis_Mode: STRIABCD AO: ARRAY OF INT APos_Host_ON: BOC CamPoscmd: ARRAY CamSyScmd: ARRAY CamSySdata: ARRAY CamSySstatus: ARR/ DI1: ARRAY OF BOO DI2: ARRAY OF BOO DO1: ARRAY OF BOO [0]: BOOL [1]: BOOL [2]: BOOL ✓
3	手动操作工业机器人从快换支架上升至安全位置	
4	勾选 I/O 变量"DO1[4]",末端工具手爪张开	变量 / 数值 DI2: ARRAY OF BOOL DO1: ARRAY OF BOO [0]: BOOL [1]: BOOL [2]: BOOL ✓ [3]: BOOL [4]: BOOL ✓ [5]: BOOL [6]: BOOL

步骤	操作说明	示意图
5	勾选 I/O 变量"DO1〔3〕",末端工具手爪闭合	

步骤	操作说明	示意图
6	手动操作工业机器人至快换工具放置位置,勾选 I/O 变量"DO1 [1]"和"DO1 [4]",工业机器人快换主盘与快换工具分离,完成工业机器人快换工具取放的 I/O 测试	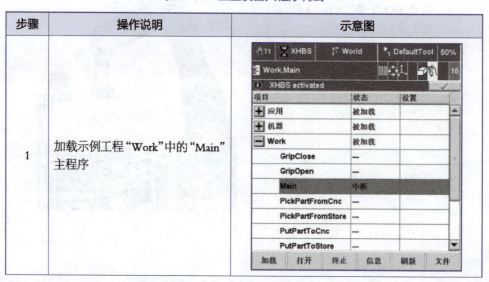

4.3.5　工业机器人上下料系统自动调试

工业机器人自动低速、高速运行程序的调试操作步骤如表 4-11 所示。

表 4-11　工业机器人程序调试

步骤	操作说明	示意图
1	加载示例工程"Work"中的"Main"主程序	

微课:
工业机器人上
下料系统自动
调试

步骤	操作说明	示意图
2	调整工业机器人全局运行速度为20%	T1 XHBS World DefaultTool 20% Work.Main 16 XHBS activated ✓ Main STEP 行 2 CALL ToolPick()
3	单击"单步"按钮,将工业机器人程序运行方式切换为"CONT"连续运行	F1 点动 F2 单步 T1 XHBS World DefaultTool 20% Work.Main 16 XHBS activated ✓ Main CONT 行 2 CALL ToolPick()
4	旋转模式选择开关,切换运行模式为"A"自动模式	A XHBS World DefaultTool 20% Work.Main 16 XHBS activated ✓ Main CONT 行 2 CALL ToolPick()
5	按下示教器右侧"使能"键,工业机器人电机上电	F2 单步 F3 使能 A XHBS World DefaultTool 20% Work.Main 16 XHBS activated ✓ Main CONT 行 2 CALL ToolPick()
6	按下示教器上的"运行"键,自动运行工业机器人程序,直到程序运行完毕	运行 停止 F1 点动

步骤	操作说明	示意图
7	如要在程序运行中途停止,按下"停止"键即可。	 QA ⊥ XHBS ⏗ World ⌐ DefaultTool 20% Work.Main 16 ⓘ XHBS activated ✓ **Main** **CONT 行 2** ⇨ CALL ToolPick() 3 CALL PickPartFromStore() 4 CALL PutPartToCnc() 5 CALL PickPartFromCnc() 6 CALL PutPartToStore() 7 CALL ToolPut() 8 >>>EOF<<<
8	在仿真软件中,工业机器人将按照程序规划的轨迹完成工业机器人与机床上下料程序的自动低速运行	
9	参照以上步骤,调整工业机器人全局运行速度为100%,再次运行主程序"Main",完成工业机器人与机床上下料程序的自动高速调试	 QA ⊥ XHBS ⏗ World ⌐ DefaultTool 100% Work.Main 16 ⓘ XHBS activated ✓ **Main** **CONT 行 2** ⇨ CALL ToolPick() 3 CALL PickPartFromStore() 4 CALL PutPartToCnc() 5 CALL PickPartFromCnc() 6 CALL PutPartToStore() 7 CALL ToolPut() 8 >>>EOF<<<

4.3.6　工业机器人上下料系统程序优化

修改 dyn 参数优化工业机器人运动轨迹的操作步骤如表 4-12 所示。

表 4-12　优化工业机器人运动轨迹的操作步骤

步骤	操作说明	示意图
1	选中 Lin 指令中速度参数"dyn：DYNAMIC"，单击"变量"，选择"新建"选项	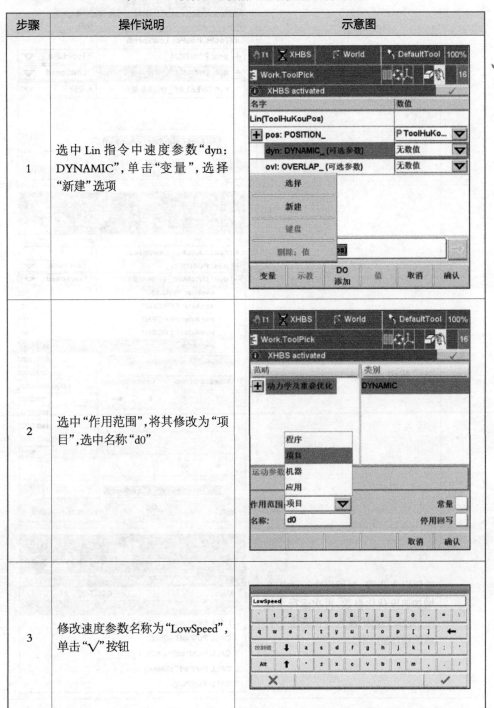
2	选中"作用范围"，将其修改为"项目"，选中名称"d0"	
3	修改速度参数名称为"LowSpeed"，单击"√"按钮	

步骤	操作说明	示意图
4	变量"LowSpeed"新建完成	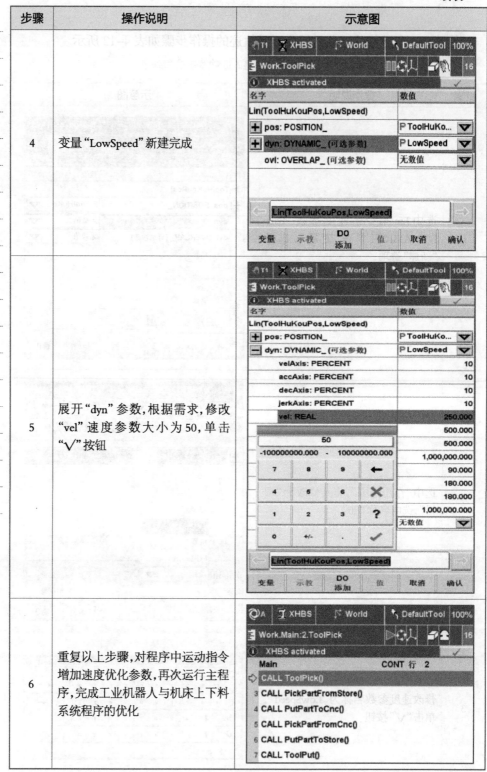
5	展开"dyn"参数,根据需求,修改"vel"速度参数大小为50,单击"√"按钮	
6	重复以上步骤,对程序中运动指令增加速度优化参数,再次运行主程序,完成工业机器人与机床上下料系统程序的优化	

项目拓展

基于工业机器人与机床上下料系统操作项目的学习,通过工业机器人示教编程的方式,调试工业机器人上下料系统的程序,通过 HMI 向工业机器人下达任务指令,控制工业机器人执行具体任务,实现智能制造单元关节产品加工、检测与装配。

1. 工业机器人取放快换工具的调试

工作站所用工业机器人末端工具如图 4-17 所示,平口手爪工具用于取放、搬运和装配电机工件;吸盘工具用于取放、搬运和装配法兰、减速器工件。

(1) 示教工业机器人与快换工具的取放程序目标点;

(2) 工业机器人能够正确从快换工具模块上取出平口手爪工具和吸盘工具;

(3) 工业机器人能够正确将平口手爪工具和吸盘工具放回到快换工具模块上的原位置。

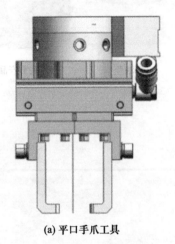
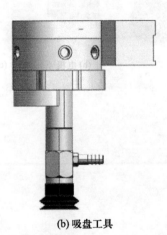

(a) 平口手爪工具　　　　　　　　　　(b) 吸盘工具

图 4-17　工业机器人末端工具

2. 视觉检测上下料调试

工业机器人与机床上下料调试完成后,需要对机床加工的产品进行检测,通过视觉检测模块,完成工业机器人与立体仓库、机床到视觉检测模块、视觉检测模块到立体仓库之间的上下料调试。

(1) 在 HMI 上选取立体仓库中 2 号仓位的基座零件,工业机器人能够正确从立体仓库上取出工件,放置到机床的工装夹具上,并夹紧;

(2) 工业机器人能够正确从机床取出工件,放置到视觉检测模块下方的合适位置;

(3) 工业机器人能够正确从视觉检测模块下方取出工件,将其放回立体仓库中原工件位置上。

3. 产品装配调试

关节产品主要由基座、电机、减速器和法兰4个零件组成,4个装配零件及关节产品如图4-18所示。

(1) 示教基座、电机、减速器零件装配程序的目标点,完成装配程序调试;

(2) 在 HMI 上选择需要装配的基座零件和电机零件在立体仓库中的仓位,实现基座、电机、减速器和法兰零件的装配,并将装配好的关节成品放回立体仓库中原基座零件的位置上;

(3) 基座、电机和减速器零件的装配在变位机的装配模块上完成,减速器和法兰零件装配时要求变位机面向工业机器人一侧旋转25°;

(4) 基座、电机、减速器和法兰零件的装配时要选择合适的快换工具。

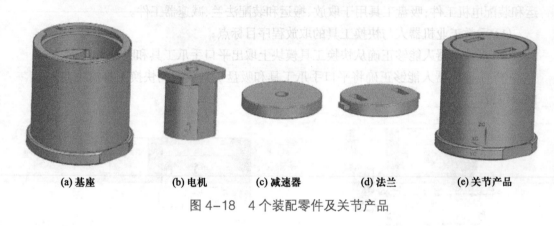

| (a) 基座 | (b) 电机 | (c) 减速器 | (d) 法兰 | (e) 关节产品 |

图 4-18　4个装配零件及关节产品

项目五　MES 配置与操作

　证书技能要求

智能制造生产管理与控制证书技能要求（初级）	
3.1.1	能够根据操作手册，安装、运行和操作 MES 软件
3.1.2	能够根据工作任务要求，设置和调整 MES 通信参数，保证智能制造单元中各设备间的互联互通
3.1.3	能够根据工作任务要求，在 MES 中完成订单的下发
3.1.4	能够根据工作任务要求，完成立体仓库的盘点任务

　项目引入

随着我国制造业的飞速发展，以及生产智能化的步伐进一步加快，制造执行系统（Manufacturing Execution System，MES）在智能制造领域中的应用越来越广泛。MES 是智能制造的重要组成部分，是智能制造建设的核心，MES 的生产管控能力直接决定了智能制造的工作效率。

MES 是一套面向制造企业车间执行层的生产信息化管理系统，它提供并优化从订单投入产品完成的生产活动所需的信息。如图 5-1 所示，MES 可以为企业提供包括制造数据管理、计划排程管理、生产调度管理、仓储管理、质量管理、人力资源管理、设备管理、工具工装管理、采购管理、成本管理、项目看板管理、生产过程控制、底层数据集成分析和上层数据集成分解等管理模块，为企业打造一个扎实、可靠、全面、可行的制造协同管理平台。

图 5-1　MES 管理模块

MES 提供并优化从订单投入到产品完成的生产活动所需的信息。运用及时、准确的信息,指导、启动、响应并记录工厂活动,从而能够对生产条件的变化做出迅速的响应,减少非增值活动,提高公司运作过程的效率。

本项目包括 MES 的安装方法、软件的基础操作等知识,完成软件的安装、通信设置与测试、订单创建与下发三项任务,实现 MES 与智能制造单元各设备之间的互联互通及掌握生产管控流程的基础操作。

知识目标

1. 了解 MES 的运行环境及软件框架
2. 了解 MES 的数据采集接口
3. 了解 MES 的生产调度结构
4. 掌握 MES 运行环境的创建方法
5. 掌握 MES 运行程序的安装方法
6. 掌握 MES 的通信配置及测试功能
7. 掌握生产订单的创建、下发和基础管理功能

能力目标

1. 能够正确安装 MES 运行环境
2. 能够正确安装 MES 运行程序
3. 能够正确设置 MES 中各设备的通信参数
4. 能够远程访问 MES 的应用服务
5. 能够正确设置产品的生产工艺参数
6. 能够在 MES 中正确创建生产订单
7. 能够在 MES 中完成订单的下发及管控

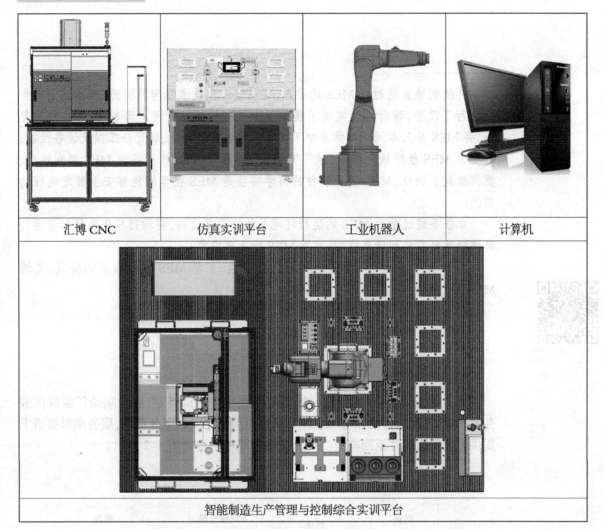

平台准备

汇博 CNC	仿真实训平台	工业机器人	计算机

智能制造生产管理与控制综合实训平台

任务 5.1　MES 的安装

任务提出

传统制造业通过对 MES 的导入,实现信息化技术管理的引进,从本质上对生产进行了改善,帮助企业实现了精益化生产和智能化管理。而 MES 本身相当复杂,将 MES 导入车间运作体系中不仅需要完善车间环境、职责分工以及设备性能,还要求 MES 程序软件自身"软""硬"兼备,易于部署,才能促使 MES 顺利运行、发挥效能。因此,MES 程序软件的科学安装是 MES 在车间能够安全稳定运行的前提。

本任务通过学习 MES 的运行环境与软件框架结构,将运行程序软件包与运行环境软件包安装到计算机中,实现 MES 的正确安装。

本任务包括:汇博 MES 运行环境的安装、汇博 MES 运行程序的安装、汇博 MES 登录测试。

知识准备

5.1.1　MES 的运行环境结构

MES 可分为客户端和服务端,客户端是用户入口终端;服务端是厂家提供服务的终端,也是软件的核心端。用户从客户端程序发起服务请求,服务端根据请求提供相应的服务并返回响应。MES 的运行环境结构如图 5-2 所示。

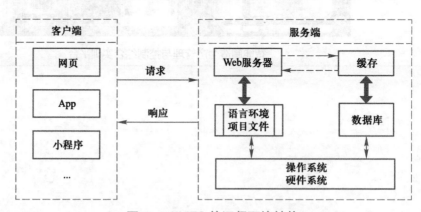

图 5-2　MES 的运行环境结构

操作系统作为管理和控制计算机软硬件资源的计算机程序,是 MES 运行程序软件架构的硬件基础,计算机语言环境为 MES 的各项服务提供了开发应用的语言平台。当 Web 服务器收到请求时,通过读取缓存文件或委托数据库应用、项目应用程序等服务获得相关数据并反馈给客户端。正是由于这些应用服务之间的协同工作实现了客户端界面与服务多样化的需求。MES 软件应用服务组件及相应的功能如表 5-1 所示。

表 5-1　服务组件及功能

序号	应用服务大类名称	功能
1	网页、App、小程序	向服务端提出请求并提供可视化界面
2	操作系统	管理和控制计算机软硬件资源的计算机程序
3	数据库应用服务	为用户的系统提供数据存储记录的仓库
4	Web 应用服务	为客户端提供可视化界面显示及资源转发的应用服务
5	系统语言环境	为各项服务提供所对应的开发语言环境组件
6	项目文件包	开发人员编写的应用程序,为用户提供服务的软件系统

5.1.2　MES 的软件框架

汇博 MES 使用 B/S 软件架构,即浏览器和服务器架构模式。该框架中主要的业务逻辑在服务器端上实现,浏览器作为用户工作界面通过 HTTP 协议与服务器端进行数据信息交互。MES 运行时,服务器端的 Web 前端接收到来自浏览器的请求后开始处理前端的静态文件,动态请求则转发给 Web 后端服务来处理。Web 后端通过调用其他服务(包括数据库服务、中间层服务器)处理动态的 HTTP 请求。汇博 MES 软件框架如图 5-3 所示。

微课:
MES 的软件
框架

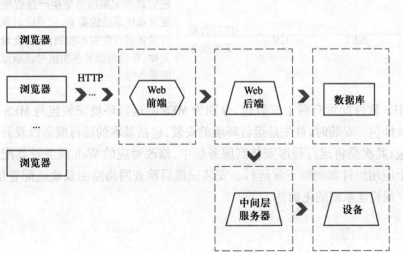

图 5-3　MES 软件框架

在汇博 MES 软件中,Nginx 和 Tomcat 分别作为 Web 的前端服务器与后端服务器。Mysql 作为数据库管理系统服务,并运用 .NET 框架技术实现中间层、数据

采集等服务的开发。这些运行服务与对应的开发语言、应用程序以及功能说明如表 5-2 所示。

表 5-2　MES 的应用服务与功能

序号	运行服务	开发语言	应用程序	功能说明
1	Nginx	JavaScript	Web 前端	Web 前端是创建 Web 页面或 App 等界面呈现给用户的过程，通过 JavaScript 技术实现生产制造资料与用户界面的交互。其中 Nginx 是常用的 HTTP 服务器和反向代理 Web 服务器。一般用来提供静态资源服务
2	Tomcat Mysql	Java	Web 后端	Web 后端是让服务器、应用、数据库能够彼此交互，通常是与前端进行数据交互及网站数据的保存和读取。Tomcat 用于处理动态 HTTP 请求并且调用各种其他服务，完成相应的任务响应给 Nginx，最终返回 HTTP
3	.NET	C#	中间层服务器	中间层服务器是用户接口或 Web 客户端与数据库之间的逻辑层。通过业务规则生产并操作接收的信息和函数的集合，从而实现业务逻辑的处理。中间层服务器采用了 .NET 技术，.NET 框架是一个多语言组件开发和执行环境，它提供了一个跨语言的统一编程环境
4	.NET	C#	底层数据采集服务	底层数据采集服务是生产过程控制和调度自动化系统的要素，它可以对现场的运行设备进行监视和控制，以实现设备数据采集、参数测量及各类信号读取反馈给中间服务层

MES 软件配置有两个安装包，分别为 MES 的运行环境安装包与 MES 的安装程序软件包。安装时，首先是运行环境的安装，包括基本的运行服务以及开发语言工具包；其次是将运行程序安装到服务器中，修改对应的 Web 服务及其配置文件使各个应用组件都能够正常运行。安装完成后检查网络路由及地址配置信息，通过客户端验证系统的正确性。

任务实施

5.1.3　汇博 MES 运行环境安装

汇博 MES 运行环境的安装操作步骤如表 5-3 所示。

微课：
汇博 MES 软件安装

表 5-3　MES 运行环境的安装

步骤	操作说明	示意图
1	右键单击(右击) "汇博 MES 运行环境程序安装程序",在弹出的下拉菜单中选择 "以管理员身份运行(A)"	
2	单击 "下一步" 按钮	
3	单击 "我接受" 按钮	
4	等待运行环境自动安装	

步骤	操作说明	示意图
5	汇博 MES 运行环境程序安装完成后,单击"完成"按钮,结束本次安装	

5.1.4　汇博 MES 运行程序安装

汇博 MES 运行环境安装完成后,接下来安装汇博 MES 运行程序,操作步骤如表 5-4 所示。

表 5-4　MES 运行程序安装

步骤	操作说明	示意图
1	右击"汇博 MES-2021 安装程序安装程序",在弹出的下拉菜单中选择"以管理员身份运行(A)"	
2	单击"下一步"按钮	

步骤	操作说明	示意图
3	在密码输入栏输入安装密码"hb"，单击"下一步"按钮	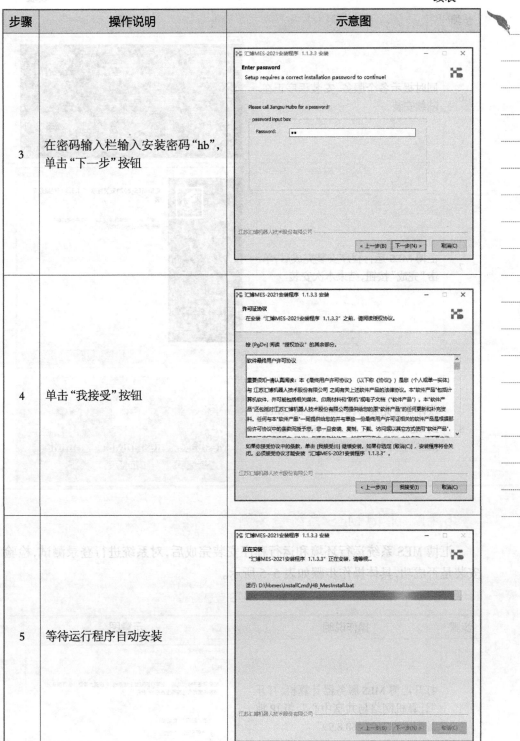
4	单击"我接受"按钮	
5	等待运行程序自动安装	

步骤	操作说明	示意图
6	同时提示各个服务、安装程序正在陆续安装	
7	汇博 MES 运行程序安装完成后,单击"完成"按钮,结束本次安装	汇博MES-2021安装程序 1.1.3.3 安装 汇博MES-2021安装程序 1.1.3.3 已经完成安装 汇博MES-2021安装程序 1.1.3.3 已安装在你的系统。 单击 [完成(F)] 关闭此向导。 完成(F)
8	软件安装完成后,桌面会生成"Mes.Base.Server""ReStart MES""HB-MES"三个快捷方式图标	Mes.Base... - 快捷方式　ReStartME... - 快捷方式　HB-MES

5.1.5 汇博 MES 系统登录测试

汇博 MES 系统运行环境和运行程序安装完成后,对系统进行登录测试,检验安装是否成功,具体操作步骤如表 5-5 所示。

表 5-5 MES 登录测试

步骤	操作说明	示意图
1	打开汇博 MES 服务器计算机,打开"计算机网络与共享中心",将 IP 地址配置为"192.168.8.99"	Internet 协议版本 4 (TCP/IPv4) 属性 常规 如果网络支持此功能,则可以获取自动指派的 IP 设置。否则,你需要从网络系统管理员处获得适当的 IP 设置。 ○ 自动获得 IP 地址(O) ◉ 使用下面的 IP 地址(S): IP 地址(I): 192 . 168 . 8 . 99 子网掩码(U): 255 . 255 . 255 . 0

步骤	操作说明	示意图
2	右击 "Mes.Base.Server" 快捷方式,在弹出的下拉菜单中选择 "以管理员身份运行(A)"	Mes.Base... - 快捷方式 打开(O) 打开文件所在的位置(I) 以管理员身份运行(A)
3	右击 "ReStartMES" 快捷方式图标,在弹出的下拉菜单中选中 "以管理员身份运行(A)"	ReStartME... - 快捷方式 打开(O) 打开文件所在的位置(I) 编辑(E) 打印(P) 以管理员身份运行(A)
4	双击 "HB-MES" 浏览器快捷方式	HB·MES
5	进入汇博智能制造 MES 系统登录界面,用户名、密码均为 "admin",单击 "立即登录" 按钮	汇博智能制造MES系统 admin ••••• 立即登录
6	进入汇博智能制造 MES 系统首页,说明汇博 MES 系统已成功安装	汇博智能制造MES系统

任务 5.2　MES 的通信设置

教学课件：
任务 5.2

任务提出

MES 与 ERP 系统以及智能制造生产设备控制系统一起构成了工厂的神经系统。ERP 系统将业务计划指令发送到生产站点，MES 收集、上传和处理生产站点中的信息。MES 不单是面向生产的系统，同时也是上下级之间的信息传输系统，它连接着现场层和管理层，并通过通信技术传输基本信息系统的理论数据和工厂的实际数据。

本任务通过学习 MES 的通信连接技术与通信配置方法，设置加工中心与工业机器人的通信参数，完成设备与 MES 的互联互通，并通过修改计算机的网络通信参数，实现客户端远程访问服务器的功能。

本任务包括：计算机远程访问 MES 服务、工业机器人通信参数的设置、数控铣床的通信参数的设置、数控铣床 NC 程序的下载。

🔧 知识准备

5.2.1　MES 的 IT 网络结构

微课：
MES 的 IT 网
络结构

MES 的 IT 网络结构确定了如何用硬件、软件和网络构成基础设施，使用哪些 IT 组件，如何构建 IT 系统之间的接口。MES 需要满足个性化 IT 基础设施的众多需求。

汇博 MES 系统通过操作系统、数据库系统及网络技术的支持，可以更容易地连接到现有的 IT 环境。所有被授权的用户均可以从标准客户端上访问汇博 MES 系统中的服务。

汇博 MES 系统的 IT 网络结构如图 5-4 所示。中心部件是 MES 的服务器，它被集成到现有的网络中。以实际 MES 的应用场景为例，MES 操作中心遍布各生产管理办公室，如系统维护、人力资源、质量保证和生产调度等部门，用于显示、计算或者更改相关的生产数据，同时也提供用户共享功能和评估依据。

为获得生产设备和工作地的数据，还可以使用个人计算机、智能手机或配备相应附件的标准计算机，如条形码扫描仪、读卡器及打印机等，通过与 MES 服务器的在线通信功能，远程访问 MES 的相关服务，从而读取或者更改生产信息。

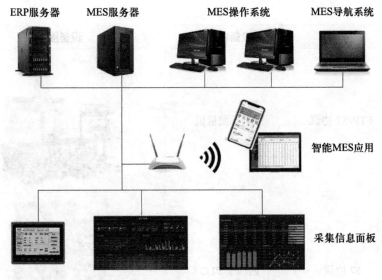

图 5-4　MES 的 IT 网络结构

图中标注：ERP服务器　MES服务器　MES操作系统　MES导航系统　智能MES应用　采集信息面板

5.2.2　MES 的通信连接服务

MES 与设备、装置、控制系统和刀架等其他生产设施间的通信，承担了智能制造系统的通信连接服务。根据设备的工业标准通信协议，在 MES 中集成对应的数据采集接口模块。MES 通过与设备终端直接相连的方式读取生产数据信息。汇博 MES 系统中已集成的通信接口如表 5-6 所示。

微课：
MES 的通信连接服务

表 5-6　MES 的通信接口

序号	通信接口	设备名称	设备图片
1	FOCAS1/2	加工中心 数控车床	
2	TCP/IP	汇博机器人 火花机	

序号	通信接口	设备名称	设备图片
3	FTP/S7 协议	三坐标测量机	
4	S7 协议	西门子 PLC	
5	OPC UA	立式注塑机 西门子数控系统	
6	Modbus Tcp	立体仓库	
7	串口协议	计量检测	

汇博 MES 系统的通信模块不仅可以支持设备的专用接口,也可以支持诸如 OPC、Profibus 或 Modbus Tcp 等通信协议。此外,MES 还可以通过特定的接口直接与设备控制装置(PLC)进行通信,并接收存储的数据。这样可以将生产企业中各种异构的设备与 MES 相连接。

MES 通信连接服务的另一个关键要素是 MES 生产和资源数据管理器之间的互联互通。例如,通过它可以传输订单数据、人员数据、设备数据和工艺过程数据,还提供外部的工况数据采集或人员时间采集系统、数据集中器和设备控制器等。

微课:
MES 的通信设置方法

5.2.3　MES 的通信设置方法

MES 的通信设置方法是根据智能制造单元中各设备的通信属性决定的。以 MES 为智能制造单元核心,各单元设备以不同的通信协议组成的网络拓扑图如图 5-5 所示。设备与 MES 的通信方式有两种:直接联网通信和工业网关采集。根据这两种通信方式分别有直接联网通信和工业网关采集两种配置方法。

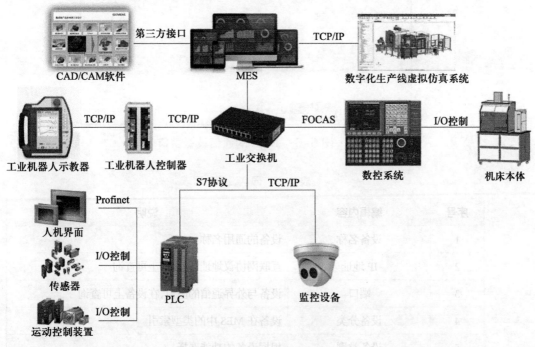

图 5-5　网络拓扑图

1. 直接联网通信配置方法

直接联网通信是指借助设备自身的通信协议、通信网口,在不添加任何硬件的情况下,直接与 MES 数据采集服务器进行通信,在系统软件上进行数据展示、统计、分析。可实现对设备相关运行状态的采集、报警信息的记录以及相关工艺文件的传输归档。

发那科数控系统是通过自身的 FOCAS1/2 数据通信协议与 MES 进行数据交互的;机器人、监控设备等是以 TCP/IP 为通信协议与 MES 进行通信的。

以直接联网通信方式与 MES 通信可通过设置与设备端对应的通信参数实现。MES 的通信参数设置窗口如图 5-6 所示,对应各栏填写的内容见表 5-7。

*设备名称:	
*IP地址:	127.0.0.1
*端口:	8080
*设备分类:	
*设备类别:	请选择
*设备品牌:	请选择
*是否启用:	启用
*是否虚拟:	否
设备备注:	

◆提交　　取消

图 5-6　MES 的通信设置窗口

表 5-7　通信设置对照表

序号	编辑内容	说明
1	设备名称	设备的通用名称
2	IP 地址	互联网协议地址,在设备上可查询
3	端口	设备与外界通信的出口,在设备上可查询
4	设备分类	设备在 MES 中的类型索引
5	设备类别	根据设备的功能选择
6	设备品牌	设备的品牌名称
7	是否启用	禁用功能
8	是否虚拟	可选择在软件中虚拟
9	设备备注	备注信息(可选填)

在 MES 软件的系统设置界面中,为特定功能的设备定义了不同的设备类型索引,用来区分智能制造单元中具有不同功能的设备。这样既方便 MES 与设备的快速配置,也为生产调度提供设备功能的依据。设备的索引类型如表5-8所示。

表5-8 设备索引类型

序号	类型名称	设备类型索引
1	仓库类	0
2	车削类	11
3	铣削类	12
4	测量类	21
5	机器人类	31
6	火花机	41

2. 工业网关采集配置方法

工业网关采集是指设备在没有配置以太网通信接口或标准以太网通信协议的情况下,通过 PLC 控制器集成的工业以太网接口,来实现生产设备数据的采集。PLC 控制器可以在多种网络协议之间进行信息转化,将车间内各种信号、数据以及通信协议转换为标准协议,并通过 MES 通信服务实现对现场 PLC 控制器信息的实时获取。例如,在图5-5中传感器与运动控制装置就是以此方式与 MES 建立信号连接的。

在汇博智能制造平台中,使用西门子 PLC 作为工业网关采集设备。MES 与西门子 PLC 通过 S7 协议进行数据交互,在 MES 窗口中可直接配置 PLC 的 IP 地址与端口号,如图5-7所示。

中间PLC参数配置
* IP地址: 192.168.8.10	* 端口号: 102

图5-7 工业网关采集通信设置

🚜 任务实施

5.2.4 计算机远程访问 MES 服务

通过修改计算机的网络设置充当汇博 MES 系统的客户端,远程访问 MES 服务器,操作步骤如表5-9所示。

微课:
计算机远程访问 MES 服务

表 5-9　远程访问 MES 服务

步骤	操作说明	示意图
1	打开汇博 MES 系统服务器计算机,运行 MES 查看服务器计算机 IP 地址,此处为 "192.168.8.99"	Internet 协议版本 4 (TCP/IPv4) 属性 常规 如果网络支持此功能,则可以获取自动指派的 IP 设置。否则,你需要从网络系统管理员处获得适当的 IP 设置。 ○ 自动获得 IP 地址(O) ● 使用下面的 IP 地址(S): IP 地址(I): 192.168.8.99 子网掩码(U): 255.255.255.0
2	用网线将远程客户端计算机与服务器计算机部署在同一个交换机上,使两者处于同一局域网中	
3	将客户端计算机 IP 设置为与服务器同网段,此处设置为 "192.168.8.150"	Internet 协议版本 4 (TCP/IPv4) 属性　　　× 常规 如果网络支持此功能,则可以获取自动指派的 IP 设置。否则,你需要从网络系统管理员处获得适当的 IP 设置。 ○ 自动获得 IP 地址(O) ● 使用下面的 IP 地址(S): IP 地址(I): 192.168.8.150 子网掩码(U): 255.255.255.0
4	打开网页浏览器,在网址栏输入 "192.168.8.99:9090/",按下 "Enter" 键进入	无法访问此页面　　× + ∨ ← → ↻ ⌂　⊕ http://192.168.8.99:9090/
5	进入汇博 MES 系统登录界面,用户名、密码均为 "admin",单击 "立即登录" 按钮	汇博智能制造MES系统 👤 admin 🔒 ***** 立即登录

步骤	操作说明	示意图
6	成功登录后,在客户端同样可以进行设备监控管理、排程管理、测量管理等操作	

5.2.5 工业机器人通信参数的配置

根据智能制造单元中工业机器人的通信信息,在 MES 中配置相应参数,完成通信连接并进行通信测试。操作步骤如表 5-10 所示。

微课:
工业机器人通信参数的配置

表 5-10 机器人通信参数的设置

步骤	操作说明	示意图
1	进入汇博智能制造平台工业机器人示教器"网络"界面,查看工业机器人控制器的 IP 地址,此处为"192.168.8.103"	机器人选择列表 ☑ 机器人选项 示教器 IP　169.254.74.114 控制器 IP　192.168.8.103
2	进入工业机器人示教器"变量管理"界面,查看该机器人的通信端口号,此处为"8008"	ServerForApos_Port: UINT　2,600 ServerForMES_Port: UINT　8,008
3	运行 MES,打开 MES 客户端浏览器,展开"系统设置"菜单栏,单击"加工设备"按钮	系统设置 网络拓扑 加工工具 加工设备
4	进入"加工设备"界面,单击"设备"按钮	系统设置 / 加工设备 设备类别　设备　仓库 Q 查询

步骤	操作说明	示意图
5	单击右上角"添加设备"按钮	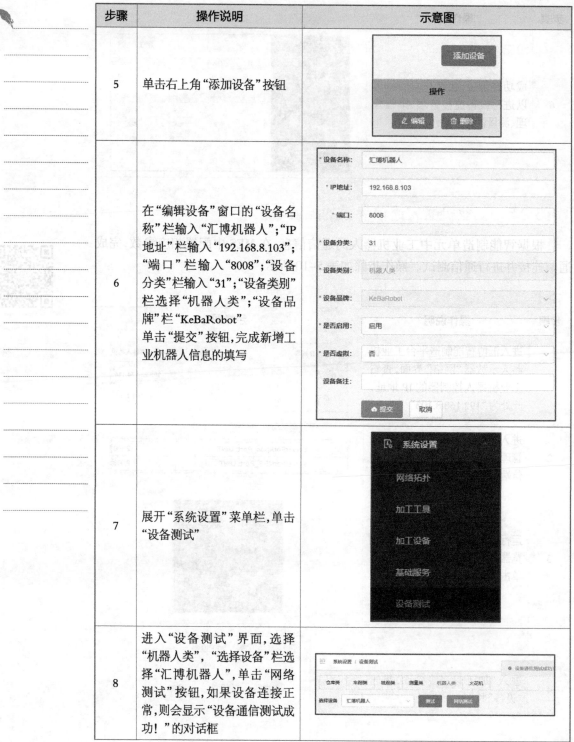
6	在"编辑设备"窗口的"设备名称"栏输入"汇博机器人";"IP地址"栏输入"192.168.8.103";"端口"栏输入"8008";"设备分类"栏输入"31";"设备类别"栏选择"机器人类";"设备品牌"栏"KeBaRobot" 单击"提交"按钮,完成新增工业机器人信息的填写	
7	展开"系统设置"菜单栏,单击"设备测试"	
8	进入"设备测试"界面,选择"机器人类","选择设备"栏选择"汇博机器人",单击"网络测试"按钮,如果设备连接正常,则会显示"设备通信测试成功!"的对话框	

步骤	操作说明	示意图
9	单击"测试"按钮,如数据采集正常,则会正确读取工业机器人当前各个关节的角度值	选择设备 汇博机器人 ▼ 测试 网络测试 机器人通信测试 序号 / 测试参数 / 测试结果 1 / 关节1 / 8.11 度 2 / 关节2 / 0 度 3 / 关节3 / 3.97 度 4 / 关节4 / -3.27 度 5 / 关节5 / -2.43 度 6 / 关节6 / 2.17 度 7 / 关节7 / 0 毫米

5.2.6 数控铣床通信参数的设置

根据智能制造单元中数控铣床的通信信息,在 MES 中设置相应参数,完成通信连接并进行通信测试。操作步骤如表 5–11 所示。

微课:
数控铣床通信
参数的设置

表 5–11 数控铣床通信参数的设置

步骤	操作说明	示意图
1	查看汇博智能制造平台数控铣床的 IP 地址,为"192.168.8.16"	F ⊘MM/MIN 加工件数 736 DRN F 0 运行时间 182H59M53S 循环时间 0H 0M 0S 共同:设定【内置】 基本 1/ 2 MAC 地址 00E0E4761AEE IP 地址 192.168.8.16 子网掩码 255.255.255.0 路由器地址 192.168.8.1 DHCP CLIENT 0
2	继续查看该数控铣床 TCP 的端口号,为"8193"	FOCAS2/ETHERNET:SET[EMBEDDED] 基本 口编号(TCP) 8193 口编号(UDP) 8192 时间间隔 100 设备有效 内置板

步骤	操作说明	示意图
3	与新增工业机器人相同,进入"编辑设备"窗口,在"设备名称"栏输入"铣床1号";"IP地址"栏输入"192.168.8.16";"端口"栏输入"8193";"设备分类"栏输入"12";"设备类别"栏选择"铣削类";"设备品牌"栏选择"FanucCNC"。单击"提交"按钮,完成新增铣床信息的填写	*设备名称: 铣床1号 *IP地址: 192.168.8.16 *端口: 8193 设备分类: 12 *设备类别: 铣削类 设备品牌: FanucCNC 是否启用: 启用 是否虚拟: 否 设备备注: ▲提交 取消
4	与测试工业机器人通信配置相同,单击进入"设备测试"界面,选择"铣削类","选择设备"栏选择"铣床1号",单击"网络测试"按钮,如设备连接正常,则会显示"设备通信测试成功"的对话框	设置 / 设备测试　　　　　　　　　　　● 设备通信测试成功! 车削类　铣削类　测量类　机器人类　火花机 铣床1号　　测试　网络测试
5	单击"测试"按钮,如数据采集正常,则会正确读取铣床当前的工作模式、进给倍率、运行状态以及主轴转速的运行数据	仓库类　车削类　铣削类　测量类　机器人类　火花机 选择设备　铣床1号　测试　网络测试 加工中心通信测试 序号 / 测试参数 / 测试结果 1 / 工作模式 / AUTO 2 / 进给倍率 / 0 3 / 运行状态 / 停止 4 / 主轴转速 / 0 r/min

5.2.7 数控铣床 NC 程序的下载

由 CAM 软件生成的 NC 程序可由 MES 下载至加工中心,数控铣床 NC 程序的下载操作步骤如表 5-12 所示。

表 5-12　数控铣床 NC 程序下载

步骤	操作说明	示意图
1	展开"排程管理"菜单栏,单击"程序管理"	
2	在"功能"栏下拉菜单中,选择"铣床 1 号",单击"选择文件"按钮,在目标文件下选择名称为"CncReset.nc"的加工程序	
3	单击"上传"按钮,根据进度条的进度显示以及上传提示信息,判断程序是否上传成功	
4	检查汇博智能制造平台铣床数控面板,显示程序已下载至数控系统中	

任务 5.3　MES 生产调度

教学课件：
任务 5.3

任务提出

生产调度模块是 MES 制造执行系统的关键技术，是体现现代制造执行系统先进性的核心。它的主要功能是合理安排加工作业的顺序并有效地分配当前的生产资源，从而达到生产作业有序、协调、效率和可靠的运行效果。高效的调度方法和优化技术的研究与应用，是实现先进制造和提高生产效率的基础和关键。

本任务通过学习汇博 MES 系统生产调度的结构与过程，掌握创建、绑定、下发某个生产订单的操作方法，实现 MES 的生产调度。

本任务主要包括产品信息的录入、生产任务的创建和生产订单的下发。

知识准备

微课：
MES 的生产调
度结构

5.3.1　MES 的生产调度结构

MES 的车间生产调度是一个复杂的课题，要了解生产调度的过程，通常需要掌握车间调度的基础结构，其中涉及以下五个方面：生产任务、产品的结构清单、生产设备、物料的工艺信息文件和调度的优化目标。

1. 生产任务

生产任务是用来建立和管理车间的生产计划的，在建立生产任务时需描述该生产任务的产品结构组成，产品的生产数量以及该生产任务的优先级别等。

2. 生产 BOM

产品 BOM（物料清单）是用来建立生产任务的清单，在调度过程中可以保证产品下属配件的完整性。工厂的生产调度过程是对产品配件的加工工序进行操作，产品 BOM 再将产品与它所属的配件紧密联系在一起，共同实现产品在调度过程中的齐套性。

3. 生产设备

生产设备是用来建立配件在生产过程中所需要的加工设备，生产设备的性能是保证 MES 生产调度能够合理实施的基础。设备的性能包括该设备是否可用、设备的加工能力、设备的处理能力、设备的加工速度以及该设备在同类设备中的优先级。

4. 配件的工艺信息文件

物料的工艺信息文件描述了该产品的加工方式，包含产品的加工制造流程、加工工艺方法、加工的 NC 程序以及产品最终的检测方式等。

5. 调度的优化目标

MES 的调度优化目标根据不同特性的生产任务需要不断调整。对交货期、工时紧张的生产任务,调度的优化目标是效率优先;对工艺路线要求严格的生产任务,调度的优化目标是保障工艺的优异性与工序的合理性;对生产成本要求严苛的生产任务,调度的优化目标是成本控制。

5.3.2 MES 的生产调度过程

MES 的生产调度过程是通过生产任务管理模块的管控,提取车间在一定时间范围内已经进入计划状态的生产任务,建立需要调度的对象,由动态调度算法形成作业计划,实现闭环的生产调度控制,如图 5-8 所示。

微课:
MES 的生产调度过程

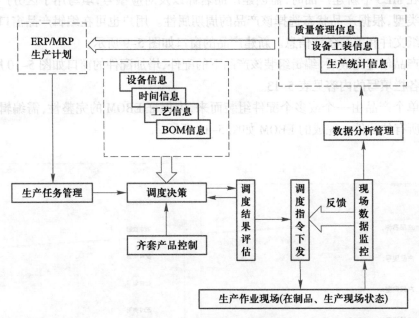

图 5-8　车间调度过程图

MES 底层的调度决策模块通过对收集的调度环境进行分析,建立工序约束和设备能力约束等调度问题的基本信息,根据产品的 BOM 来实现调度过程中产品的齐套性;通过分析各项生产任务的重要程度,确定各项生产任务的权重系数,建立调度问题优化的方案,进行调度的优化改造;经过调度结果的评价,分析调度结果的有效性;最终确定调度方案,将生成的调度指令下达到作业现场。

现场数据监控模块通过对现场数据的实时监控,根据现场的实时变化向调度决策模块提供现场的实时数据,以保证调度的准确性;MES 的数据分析管理模块把从生产现场采集到的有关产品质量信息、设备工装信息以及人员状况等信息反馈给上层计划部门,作为计划部门制订和修改作业计划的依据。

5.3.3 MES 的生产调度应用

汇博 MES 系统的生产调度贯穿于 MES 生产管理运行的全程,围绕着 EBOM 制定、PBOM 制定、订单创建、料仓盘点和生产排程五个方面的信息流制订生产调度方案。

1. EBOM 制定

EBOM 是产品设计阶段输出的产品结构清单,包括产品名称,产品结构、明细表等信息,这些信息是工艺、制造等后续部分所需产品数据的基础。在 MES 中,EBOM 设计物料清单可从 ERP 中下载当前产品的标准图纸信息,通过读取图纸信息自动生成。MES 也允许手动完善相关产品的结构信息。

在 MES 中新建产品时,需创建产品名称以及对应型号,填写用于区分产品特征的类型,根据产品状态选择该产品的周期属性。用户也可在编辑产品窗口中上传图纸文件和填写备注信息。新建产品的窗口如图 5-9 所示。

产品创建完成后,编辑组装该产品下的配件,增加配件的窗口如图 5-10 所示,对应各栏填写的内容见表 5-13。

单个产品由一个或多个配件组装而来,为保证 EBOM 的完整性,需编辑产品下属所有的配件。完成的 EBOM 如图 5-11 所示。

图 5-9　新建产品　　　　　　　　　图 5-10　增加配件

表 5-13　编辑配件对照表

编辑内容	说明	编辑内容	说明
配件名称	配件的名称	配件类型	自定义类型,用于区分产品特征
需求数量	单个产品需要该配件的数量	装配顺序	配件在装配工艺中的顺序编号
配件来源	可选择自制或外协	配件图片文件	上传配件的图片文件(可选填)
配件型号	配件的标准型号	配件备注	备注信息(可选填)

全部产品	∨	手动新建	图纸导入	全部删除	新手教程		
序号	产品名称	编号	产品型号	产品类型	产品状态	图纸名称	创建时间
1	关节	PR2108170001	1	1	导入期		2021-08-17 13:30:50

序号	配件名称	配件编号	需求数量	配件来源	配件型号	配件类型	装配顺序	配件备注
1	法兰	PA2108170004	1	委外	1	1	4	
2	减速器	PA2108170003	1	委外	1	1	3	
3	电机	PA2108170002	1	委外	1	1	2	
4	基座	PA2108170001	1	自制	1	1	1	

图 5-11　EBOM

2. PBOM 制定

PBOM 是以 EBOM 中的数据为依据,制订工艺计划、工序信息、生产计划的 BOM 数据。在 MES 中制定产品 PBOM 时,需针对不同的配件制定不同的工艺路径,完善自制配件的工艺信息。编辑工艺的窗口如图 5-12 所示,对应各栏填写的内容见表 5-14。

MES 中编辑工艺的窗口可根据各项工艺的特殊性进行调整,并不是完全相同的。根据产品结构,填写所有配件的工艺参数,完成 PBOM 信息,如图 5-13 所示。

| 仓库类 | 车削类 | 铣削类 | 测量类 | 机器人类 | 火花机 |

*工艺名称：

*优先级： 8

*工时（秒）： − 0 +

夹具类型： 零点夹具 ∨

自定义参数1： − 0 +

自定义参数2： − 0 +

自定义参数3： − 0 +

工艺描述：

工艺备注：

程序文件： 选择程序文件

工艺NC程序：

程序类型：

程序备注：

提交 取消

图 5-12 编辑工艺

表 5-14 编辑工艺对照表

编辑内容	说明	编辑内容	说明
工艺名称	工艺的类别名称	工艺备注	工艺的备注信息（可选填）
优先级	生产优先级，数字越低优先级越高	程序文件	工艺对应的加工程序文件
工时（秒）	该工序的加工时长	工艺 NC 程序	自动生成的加工程序名称
夹具类型	固定配件夹具的类型	程序类型	NC 程序的类型（可选填）
自定义参数	可选自定义参数	程序备注	对该 NC 程序的备注信息
工艺描述	对特殊工艺的详细描述（可选填）		

品名称	产品型号	产品类型	产品状态	图纸名称	创建时间	备注
关节	1	1	导入期		2021-08-17 13:30:50	

序号	配件名称	配件来源	配件型号	配件类型	装配顺序	配件备注	
1	基座	自制	1	1	1		新

序号	工艺名称	优先级	工艺描述	工时（秒）	夹具名称	自定义参数	设备类型	参数种类	NC程序
1	出库	1		10			仓库类	0	
2	机器人取料	2		60			机器人类	0	
3	铣床加工	3		120	虎钳夹具		铣削类	1	A011CNC-01.nc
4	机器人运回	6		60			机器人类	0	
5	入库	7		10			仓库类	0	

图 5-13　PBOM 信息

3. 订单创建

汇博 MES 系统可根据实际生产需求,手动创建该产品的生产订单。创建生产订单时,需完善该订单的名称、产品类型、生产数量等相关信息,如图 5-14 所示。

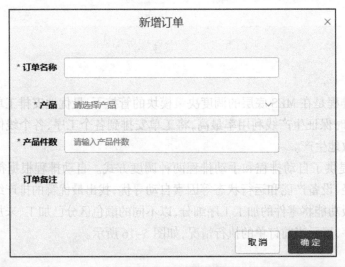

图 5-14　订单创建

4. 料仓盘点

料仓盘点是根据进入排产订单的物料清单,逐一检查各个订单原料的齐套情况,同时将产品配件与库位一一匹配,使得 MES 能够掌握整个生产的产能和物料情况,合理安排相关的生产活动。料仓管理界面如图 5-15 所示,在仓位的下拉菜单栏中选择与之匹配的产品配件,实现产品配件与库位的绑定。

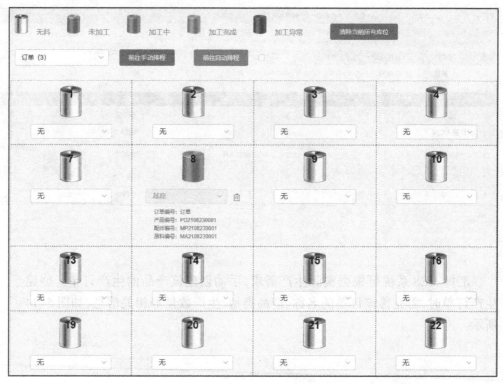

图 5-15 料仓管理界面

5. 生产排程

生产排程是在 MES 底层的调度决策模块的管控下,最优地安排工单在各工序的加工,同时保证生产线利用率最高,将工单安排到各个工序、各个线体设备上进行连续有效地生产。

MES 提供了自动排程和手动排程两种调度方式。自动排程根据待排产工单的工艺路径、设备产能和运行状态等因素自动寻优,找出最优解的排产结果。自动排程的看板功能将零件的加工工序细分,以不同的颜色区分已加工、未加工和正在加工的工序,展示当前订单的执行情况,如图 5-16 所示。

图 5-16 自动排程看板

手动排程是将细分的工序,以甘特图的方式推送到排产界面,操作人员可对相关工序进行操作,包括工序的删减、完成的工时、工序的排产顺序的调整。调整完成后,需要手动对各个工序进行单独下发,从而完成整个订单的加工排产。手动排程界面如图 5-17 所示。

图 5-17　手动排程

任务实施

5.3.4　产品信息的录入

在汇博 MES 系统中,将产品生产信息的录入绑定,操作步骤如表 5-15 所示。

微课:
产品信息的
录入

表 5-15　产品信息录入

步骤	操作说明	示意图
1	展开"工艺设计"菜单栏,单击"EBOM"	
2	进入"EBOM"界面,单击"手动新建"按钮	

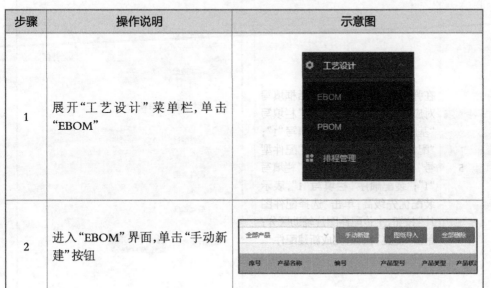

步骤	操作说明	示意图
3	在弹出的"编辑产品"对话框填写对应的内容:"产品名称"栏填写"关节";"产品型号"栏填写"1";"产品类型"栏填写"1";"产品状态"栏填写"导入期";单击"选择图纸文件"按钮将该零件对应的图纸上传保存;单击"提交"按钮,完成新建产品	编辑产品 * 产品名称: 关节 产品型号: 1 产品类型: 1 产品状态: 导入期 产品图纸文件: 选择图纸文件 产品备注: ⬆ 提交　取消
4	单击"新增配件"按钮	操作 ✎ 编辑 ▣ 新增配件 🗑 删除
5	在弹出的"编辑配件"对话框填写对应的内容:在"配件名称"栏填写"基座";在"需求数量"栏填写"1";"配件来源"选择"自制";"配件型号"栏填写"1";"配件类型"栏填写"1";"装配顺序"栏填写"1",表示装配优先级高;单击"选择配件图片"按钮,上传配件图片辅助区分;单击"提交"按钮,完成新建配件	编辑配件 * 配件名称 基座 * 需求数量 1 配件来源 自制 * 配件型号 1 配件类型 1 * 装配顺序 1 配件图片文件: 选择配件图片 配件备注 ⬆ 提交　取消

步骤	操作说明	示意图
6	展开"工艺设计"菜单栏,单击"PBOM"	⚙ 工艺设计 EBOM PBOM
7	显示在 EBOM 中建立的"关节",单击下拉箭头,弹出配件"基座"	关节 ∨ 手动新建 图纸导入 全部删除 序号 产品名称 编号 产品型号 产品类型 产品状态 1 关节 PR2108170001 1 1 导入期 序号 配件名称 配件编号 需求数量 配件来源 配件 1 基座 PA2108170004 1 自制
8	点击"基座"→"配件操作"→"新增工艺"	配件操作 🗎 新增工艺 ⊕ 新增设计尺寸 ∠ 编辑 🗑 删除
9	在弹出的"新增工艺"对话框中,选择"仓库类";"工艺名称"栏填写"出库";"优先级"栏填写"1",即工艺优先级高;"工时"栏填写"60",即预估这一工艺耗时预估为 60 s。单击"提交"按钮,确定新增该工艺	编辑工艺 仓库类 车削类 铣削类 测量类 机器人类 火花机 * 工艺名称: 出库 * 优先级: 1 * 工时(秒): − 10 + 工艺描述: 工艺备注: 提交 取消
10	继续单击"新增工艺",选择"机器人类";"工艺名称"栏填写"机器人取料";"优先级"栏填写"2";"工时"栏填写"30";单击"提交"按钮,确定新增该工艺	编辑工艺 仓库类 车削类 铣削类 测量类 机器人类 火花机 * 工艺名称: 机器人取料 * 优先级: 2 * 工时(秒): − 60 + 工艺描述: 工艺备注: 提交 取消

步骤	操作说明	示意图
11	继续单击"新增工艺",选择"铣削类";"工艺名称"栏填写"铣床加工";"优先级"栏填写"3";"工时"栏填写"120";铣削类工艺需添加程序文件,因此需单击"选择程序文件"按钮,将程序文件上传至服务器,系统会自动识别程序名称填入"工艺NC程序";单击"提交"按钮,确定新增该工艺	
12	与步骤5相同,继续创建"机器人运回"工艺	
13	与步骤4相同,继续创建"回库"工艺	

步骤	操作说明	示意图
14	至此,产品由工业机器人自动上下料的铣床切削工艺流程已创建完毕。五道工艺分别是"出库""机器人搬运""铣削""机器人运回"和"回库"	<table><tr><td>序号</td><td>配件名称</td><td>配件来源</td><td>配件型号</td><td>配件类型</td><td>装配</td></tr><tr><td>1</td><td>基座</td><td>自制</td><td>1</td><td>1</td><td></td></tr></table> 序号/工艺名称/优先数/工艺描述/工时(秒)/夹具名称 1 出库 1 10 2 机器人取料 2 60 3 铣床加工 3 120 虎钳夹具 4 机器人运回 6 60 5 入库 7 10

5.3.5 生产订单的创建

在汇博 MES 系统中,创建一个与新建产品关联的订单,操作步骤如表 5-16 所示。

表 5-16 生产订单创建

微课:
生产订单的创建与下发

步骤	操作说明	示意图
1	展开"排程管理"菜单栏,单击进入"订单管理"界面,单击"增加订单"	工艺设计 / 排程管理 / 订单管理 / 增加订单 / 全部订单 / 订单管理
2	在弹出的"新增订单"对话框中,"订单名称"栏填写"订单 1";"产品"栏选择"关节";"产品件数"栏,即需要生产的个数填写"1";最后单击"确定"按钮,完成订单的新建	新增订单 *订单名称 订单1 *产品 关节 *产品件数 1 订单备注 取消 确定
3	单击"料仓管理",进入"料仓管理"界面	排程管理 / 订单管理 / 料仓管理

步骤	操作说明	示意图
4	选择仓库中的2号库位,在下拉菜单中选择"基座",将基座的工艺信息与仓库绑定	
5	再次单击进入"订单管理"界面,"订单1"已经新建完成	

5.3.6 订单的启动下发

生产资料信息录入完成且订单创建完成后,对该订单启动下发,具体操作步骤如表5-17所示。

表5-17 订单启动下发

步骤	操作说明	示意图
1	展开"设备管理"菜单栏,单击进入"总控操作"界面	
2	单击屏幕正下方的"停止"按钮,"确定"执行设备停止后,等待"设备停止命令发送成功"弹框弹出	

步骤	操作说明	示意图
3	单击屏幕正下方的"复位"按钮，"确定"执行设备停止后，等待机床、机器人等设备复位完毕	
4	单击屏幕正下方的"启动"按钮，"确定"执行系统启动，此时 MES 处于待机状态	
5	展开"排程管理"菜单栏，单击进入"手动排程"界面	
6	单击"下单"按钮，该订单即可下发执行调度任务	
7	单击"订单 1"前的下拉箭头，下方会弹出该订单的任务卡，任务卡的内容与 PBOM 的新增工艺一一对应，其执行顺序是根据工艺的优先级制定的	

续表

步骤	操作说明	示意图
8	展开"排程管理"菜单栏,单击"自动排程"	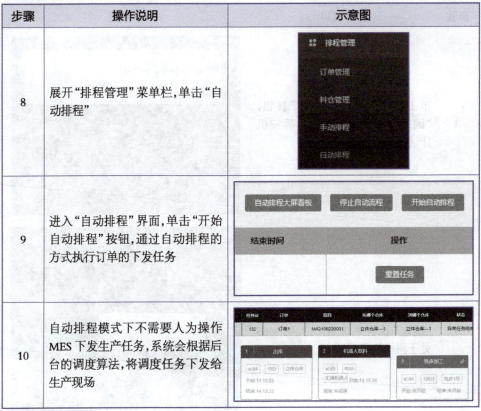
9	进入"自动排程"界面,单击"开始自动排程"按钮,通过自动排程的方式执行订单的下发任务	
10	自动排程模式下不需要人为操作MES下发生产任务,系统会根据后台的调度算法,将调度任务下发给生产现场	

项目拓展

1. 在汇博 MES 系统中增加一台三坐标测量机,基于三坐标测量机的通信属性配置相关参数,完成三坐标测量机与 MES 的互联互通。三坐标测量机的通信参数配置如表 5-18 所示。

表 5-18　三坐标通信参数配置表

序号	属性名称	通信参数
1	通信协议	TCP/IP
2	IP 地址	192.168.8.18
3	端口	2003
4	设备分类	21

2. 如图 5-18 所示,在 MES 中的"关节"产品下继续添加"电机"配件,完善"电机"配件的生产工艺信息,并完成该产品订单的下发。要求如下:

（1）在 EBOM 中完成"电机"配件的新增；

（2）完成"电机"配件 PBOM 的制定，其工艺类别包括"仓库类""机器人类""铣削类"和"测量类"；

（3）完成新产品订单的的创建与配件的料库盘点；

（4）采用自动排程的方式完成产品订单的调度下发。

产品名称	产品型号	产品类型	产品状态	图纸名称	创建时间			备注			产品操作
关节	1	1	未知		2021-09-03 17:01:43						

序号	配件名称	配件来源	配件型号	配件类型	装配顺序	配件备注		配件操作		
1	基座	自制	1	1	1			新增工艺 ⊕ 新增设计尺寸 ⊘ 编辑 🗑 删除		
2	电机	自制	1	1	2			新增工艺 ⊕ 新增设计尺寸 ⊘ 编辑 🗑 删除		

序号	工艺名称	优先级	工艺描述	工时（秒）	夹具名称	自定义参数	设备类型	参数冲突	NC程序	检测类型	工艺操作
1	出库	1		60			仓库类	0			⊘ 编辑 🗑 删除
2	机器人上料	2		60			机器人类	0			⊘ 编辑 🗑 删除
3	铣削	3		120	虎钳夹具		铣削类	1	CncReset.nc		工步信息 ⊘ 编辑 🗑 删除
4	机器人搬运	4		60	零点夹具		机器人类	0			⊘ 编辑 🗑 删除
5	测量	5		120	零点夹具		测量类	1	A013CMM-01.nc		工步识别 ⊘ 编辑 🗑 删除
6	机器人下料	8		60			机器人类	0			⊘ 编辑 🗑 删除
7	入库	7		60			仓库类	0			⊘ 编辑 🗑 删除

图 5-18　电机配件工艺表

项目六　智能制造系统生产管控

 证书技能要求

智能制造生产管理与控制证书技能要求(初级)	
2.1.1	能够根据安全规程,正确启动、停止工业机器人,安全操作工业机器人
2.2.1	能够根据安全规程,正确启动、停止数控机床设备,安全操作数控设备
2.3.1	能够完成智能制造单元的系统上电开机,并完成设备运行前的安全检查
3.1.3	能够根据工作任务要求,在 MES 中完成订单的下发
3.2.2	能够根据工作任务要求,在 MES 软件中调取智能制造单元设备及加工数据的看板界面
3.3.1	能够根据工作任务要求,应用 MES 对智能制造单元进行过程监控

 项目引入

　　智能制造系统在制造过程中能进行智能活动,诸如分析、推理、判断、构思和决策等。虽然在制造过程的各个环节几乎都广泛应用了智能化技术,但在工程设计、工艺过程设计、生产调度、故障诊断等环节,仍需要人的参与。

　　生产管控是智能制造系统生产进行优化管理的信息化手段,对生产的产品提供服务活动的管理,实现对生产、资产、资源上的有效整合,从而实现企业生产管理信息化和智能化。智能制造系统操作维护人员在系统运行过程中控制决策过程,可以提高产品品质,缩短交货周期。

　　智能制造系统操作维护人员需要具有足够的专业知识与安全意识,完成工艺规划等工作、设备检查等工作。在生产过程中,根据生产需求的变化调整生产流程并对系统中各单元进行维护保养,保障生产。

　　本项目包括智能制造系统的操作准备、智能制造系统的运行管控、智能制造系统设备管理,学习安全注意事项、智能制造系统操作流程、状态监控、智能制造系统硬件与软件管理,完成智能制造系统的启动、生产运行、状态监控与运行调整、软件系统的备份。

 ## 知识目标

1. 了解智能制造系统的安全注意事项
2. 了解智能制造系统的组成
3. 了解智能制造系统的生产管理流程
4. 掌握订单的创建与工艺规划
5. 掌握智能制造系统的设备状态监控与操作方法
6. 掌握智能制造系统的维护方法

能力目标

1. 能够对智能制造系统进行安全检查
2. 能够启动智能制造系统各组成单元
3. 能够根据订单进行工艺设置
4. 能够通过监控数据对设备做出调整
5. 能够在对智能制造系统进行设备维护

 ## 平台准备

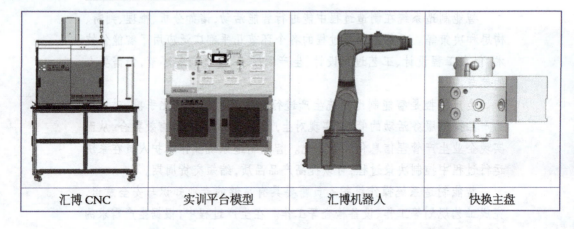

汇博 CNC	实训平台模型	汇博机器人	快换主盘

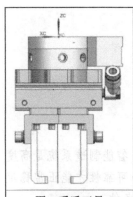
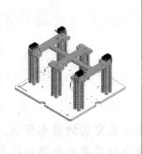
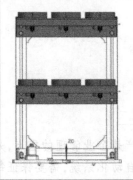

| 平口手爪工具 | 快换工具支架 | 立体仓库模块 | 电机外壳 |

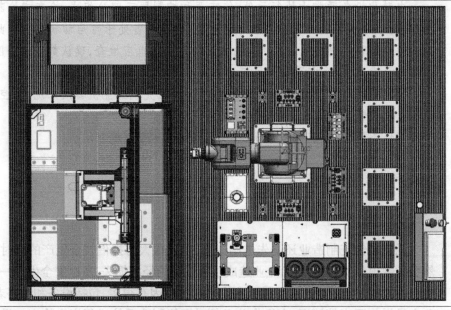

智能制造生产管理与控制综合实训平台

任务 6.1　智能制造系统操作准备

教学课件:
任务 6.1

任务提出

安全生产是企业管理的重点,是企业发展的根本保证。智能制造系统是高度集成的工业自动化系统,需要保证每个组成单元的稳定性与可靠性才能正常稳定地运行。在系统运行前必须进行细致的检查,确认满足运行条件。

自动化设备通常由执行元件、传感器和控制器三部分组成,检查或诊断时,应按照机械、电气和软件三个方面与之对应,确认设备处于可启动状态。除此之外,系统运行所需的物料及流转所需的相应辅助材料也应检查,确认数量是否匹配、可靠性是否满足要求,在系统满足启动条件后,方可启动并运行系统。

本任务通过学习安全检查事项和功能检查,完成工业机器人系统、数控加工系统和电气控制系统的安全检查和开机。

本任务包括:智能制造系统安全检查、智能制造系统启动。

知识准备

6.1.1　安全注意事项

微课:
安全注意事项

无论是传统制造业还是先进制造业,企业在大力提倡安全生产的同时每年依然会发生很多安全事故,给企业造成不可估量的经济损失,所以安全生产一直是企业经营过程中的重中之重。造成安全事故的原因有很多,包括设备和线路老化、作业人员操作不当等原因,在操作前必须对智能制造系统进行安全检查。设备的安全检查需要根据需求制定规定流程与事项,智能制造系统运行前需注意的安全事项如下:

1. 设备周围有无灭火物品

现场设备由于人员操作不当会引起火灾,当火灾发生时,对火情处理不当可能会对个人的生命安全造成严重威胁,且会给企业造成严重的损失。当发生火灾时,在确保全体人员安全撤离后再进行灭火。当电气设备(例如,机器人或控制器)起火时,应使用二氧化碳灭火器,切勿使用水或泡沫灭火器进行灭火。所以在设备使用前须严格检查设备周围有无灭火器或其他可用的灭火物。

2. 严禁设备带电操作

设备进行安装、维修和保养操作时切记要将电源切断,带电作业可能会产生致命性后果,先将设备恢复到安全状态,如工业机器人运行到安全位置,然后切断所有设备的电源及气源,再进行设备的操作。

3. 开机前检查设备上有无物料

设备开机前,需要检查设备的工装夹具上有无工件物料,防止设备在开机后,设备误动作导致在工装夹具上的物料对设备或人体造成伤害。检查设备有无物料时必须穿戴安全防护用具,以防发生碰撞,导致人身受到伤害。

4. 人员与设备是否保持足够的安全距离

设备操作或调试时,运行中的设备可能会执行一些意外的或不规范的动作,从而造成严重的人身伤害,所以操作或调试设备时需要时刻警惕,并与设备之间保持足够的安全距离。

5. 检查设备上的急停按钮是否起作用

设备上最常见的安全开关是急停按钮,急停按钮优先于任何设备的任何控制操作,按下急停按钮会停止设备的一切动作,只有恢复急停按钮后设备才会正常动作。所以设备开机前要检查急停按钮是否起作用,并记住急停按钮的位置。

6.1.2 功能检查内容

智能制造系统在进行启动检查的同时,需要对设备进行功能检查。功能检查是通过对设备的执行元件、传感器和控制器进行手动控制操作,测试设备是否可以正常使用。功能检查是设备操作前的重要内容,在未经过功能检查时,若设备的部分功能发生故障,则会导致设备出现损坏或延误生产。功能检查包括以下内容:

1. 执行元件

执行元件是根据来自控制器的控制信息完成对受控对象的控制作用的元件,执行元件根据使用的场合不同分为气动执行元件、电动执行元件和液压执行元件。执行元件的液压和气压等其他压力数值可通过压力表进行查看,压力值大于 0.5 MPa 为气压正常,如图 6-1 所示。

2. 传感器

传感器是一种检测装置,能接收该类传感器检测的信息,并能将接收到的信息,按一定规律变换成为电信号或其他所需信号形式的信息输出,满足信息的传输、处理、存储、显示、记录和控制等要求。传感器的信号可通过控制器显示至人机界面,通过人机界面进行传感器信号监控并调试传感器检测信号,如图 6-2 所示。

图 6-1 压力表

3. 控制器

控制器是指按照预定顺序改变主电路或控制电路的接线和改变电路中的电阻值来控制电动机的启动、调速、制动和反向的主令装置。智能制造系统中通过 PLC、示教器和数控操作面板进行功能检查。

PLC 作为控制器的一端可通过更改控制信号,手动控制三色灯和气缸等信号进行线路气路信号测试,在 PLC 内发送并接收工业机器人或其他控制器信号,PLC 内的信号控制检查可通过博图软件进行监控或控制。

手动控制工业机器人示教器,移动工业机器人各轴,查看工业机器人各轴移动有无异常。工业机器人的组成部分如图 6-3 所示。

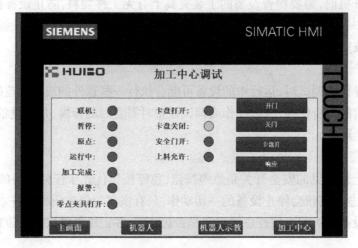

图 6-2　HMI 触摸屏

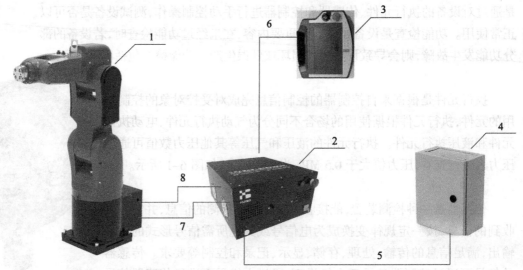

1—工业机器人本体　2—控制柜　3—示教器　4—配电箱
5—电源电缆　6—示教器电缆　7—编码器电缆　8—动力电缆

图 6-3　工业机器人的组成部分

数控操作面板可手动控制安全门开关信号,测试安全门有无卡顿;手动运行数控加工中心的复位程序,查看加工中心是否异常;通过数控操作面板进行功能检查。数控操作面板如图 6-4 所示。

图 6-4　数控操作面板

任务实施

6.1.3　智能制造系统安全检查

图 6-5　灭火器

智能制造半实物仿真系统运行前需要对设备进行安全检查,安全检查步骤如下所示:

(1) 检查设备周围的消防物品堆放处是否配有灭火器,灭火器指针是否在安全使用范围内,压力是否正常,如图 6-5 所示为灭火器。

(2) 设备开机前,需要使用万用表对空气开关进行测量,查看设备有无短路情况。将万用表调整至蜂鸣挡,将测试线分别接到未上电的空气开关下端,进行测量,查看有无短路,如图 6-6 所示。

图 6-6　测空气开关有无短路

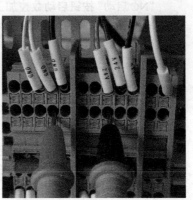

图 6-7　测试 24 V 有无短路

微课:
智能制造系统
安全检查

(3) 将万用表测试线接入 24 V 电源,查看 24 V 电源有无短路,如图 6-7 所示。

同理,检查 220 V 电源有无短路情况,当 24 V 与 220 V 电源都无短路的情况时方可进行开机操作。

(4) 检查设备上的急停按钮是否起作用。按下数控加工系统操作面板上的急停按钮,查看数控加工系统是否出现急停报警,测试数控加工系统的急停按钮是否可以正常起作用,如图 6-8(a)所示;按下工业机器人示教器上的急停按钮,查看工业机器人是否会马上停止运行,急停按钮如图 6-8(b)所示。

(a) 数控急停按钮　　(b) 工业机器人示教器急停按钮

图 6-8　急停按钮

6.1.4　智能制造系统启动

智能制造系统安全检查完成后,可以启动系统。智能制造系统启动包括数控加工系统、电气控制系统、工业机器人系统、MES 和 NX MCD 软件的启动,操作步骤如下:

1. 数控加工系统启动(见表 6-1)

表 6-1　数控加工系统的启动

步骤	操作说明	示意图
1	数控加工系统的操作面板上,按下"NC 启动"按钮启动数控加工系统;按下"NC 断电"按钮则关闭数控加工系统	
2	数控加工系统面板上按钮指示灯亮,表示控制面板系统加载完成,则数控加工系统已启动完成	

步骤	操作说明	示意图
3	双击计算机桌面上"HuiBo.Data"(FANUC 系统数据采集软件)软件图标,该软件用于采集数控加工系统的数据和信号,并保存到 PLC 中	
4	进入 FANUC 系统数据采集软件界面后单击"服务",在弹出菜单中单击"停止",再点击"启动",即可运行数据采集软件	
5	软件界面下方显示服务状态、设备当前通信状态等,可以通过这些状态查看当前 FANUC 系统数据采集软件是否通信正常	

2. 电气控制系统启动(见表 6-2)

表 6-2　电气控制系统启动

步骤	操作说明	示意图
1	将空气开关推上去,对设备上电,启动电气控制系统	

任务 6.1　智能制造系统操作准备　　201

3. 工业机器人系统启动（见表6-3）

表6-3　工业机器人系统启动

步骤	操作说明	示意图
1	将工业机器人示教器上方钥匙插孔处的工业机器人控制模式更改为"自动运行"模式	
2	加载工业机器人程序，此处为"ZnzzDemo"程序	
3	按下工业机器人"PWR"使能按钮，将工业机器人电机上电，准备运行工业机器人程序	

4. MES 启动（见表 6-4）

表 6-4　MES 启动

步骤	操作说明	示意图
1	右击计算机桌面"ReStartMES.bat"，选择"以管理员身份运行"，启动 MES 服务	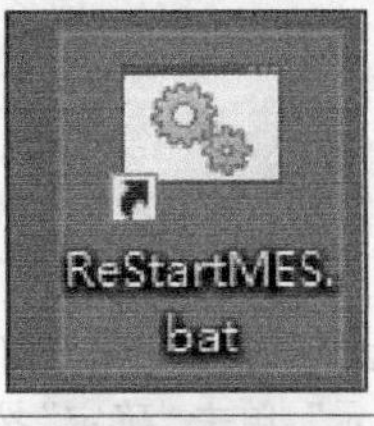
2	右击计算机桌面"Mes.Base.Server.exe"，选择"以管理员身份运行"，运行 MES 后台	
3	双击"HB_mes"浏览器，启动 MES	

5. NX MCD 软件启动（见表 6-5）

表 6-5　NX MCD 软件启动

步骤	操作说明	示意图
1	打开 NX 软件，单击"打开"按钮	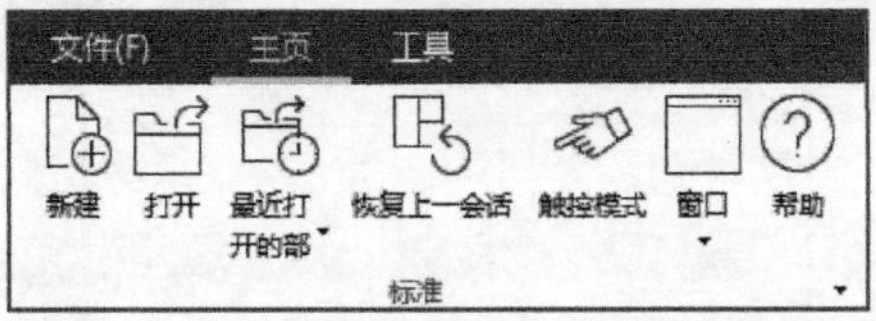
2	打开智能制造虚拟调试工程文件，选中"0-Znzz1X(初级－网孔版－应用编程)"，单击"选项"按钮	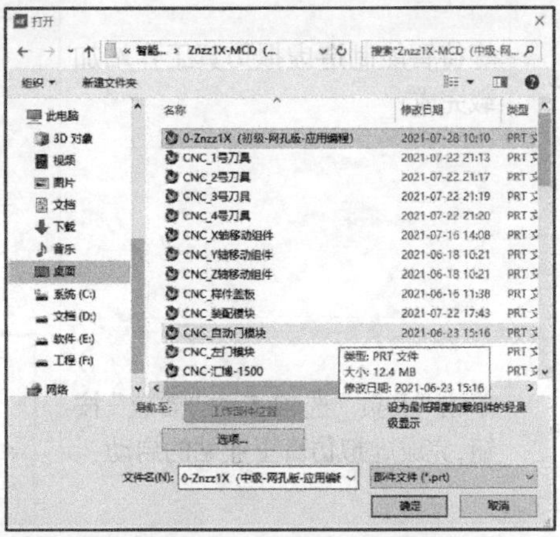

步骤	操作说明	示意图
3	在选项中选择"完全加载－轻量级显示",单击"确定"按钮	
4	返回"打开"对话框,单击"确定"按钮	
5	等待智能制造虚拟仿真工作站加载完成	
6	单击"主页"选项卡中"播放"按钮,完成虚拟仿真工业站的启动	

任务 6.2　智能制造系统的运行管控

教学课件:
任务 6.2

任务提出

运行管控是指将人力、物料、设备、技术、信息等生产要素的投入转化为产品或服务等输出的过程,而实现以上目标就需要运用一系列组织方式和行为管理。生产运行管控的科学化、制度规范化、数字化、可视化、产品标准化是保障企业利益的实现以及实现生产计划的重要保证。

运行管控是对原材料的投入生产准备到成品入库的整个生产过程所进行的控制,包括投入进度、订单排程、工序进度控制、产出进度。

本任务通过对智能制造系统操作流程、状态监控与设备调整流程的学习,完成 MES 内仓库物料设定、工艺制定、手动排程、自动排程、数控加工系统设置自动循环模式、工业机器人系统生产运行程序的选择、设备状态的监控查看及设备运行调整。

本任务包括:智能制造生产运行和状态监控与运行调整。

知识准备

6.2.1　智能制造系统操作流程

智能制造系统是人对制造过程进行规划,从而实现生产制造智能化、自动化和数字化的系统。智能制造离不开人对产品的分析、判断和决策,智能制造系统需要人的操作来实现生产智能化,生产操作流程如图 6-9 所示。

微课:
智能制造系统
操作流程

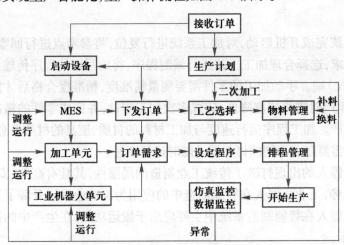

图 6-9　智能制造生产操作流程

智能化生产通过建立 MES 实现生产模型化分析决策、过程量化管理、成本和质量动态跟踪以及从原材料到产品的一体化协同优化。生产部接到业务订单后,进行生产负荷分析,依据产能状况及订单数量,决定是否需要加班生产或委外加工。

在 MES 中,根据订单的需求进行工艺选择、订单管理、物料管理、排程管理。智能制造生产是需要根据订单的需求进行操作设定,根据订单的需求量和交货期来进行生产安排,有订单安排生产,无订单调整生产,按订单式生产是当前智能制造工厂普遍的生产模式,流程如图 6-10 所示。

加工系统是智能制造系统最重要的一环,加工工艺决定了产品的加工时间,产品材质不同,加工时长也不同,在智能制造生产中,产品加工的快慢决定了智能制造系统的产量,加工系统操作流程如图 6-11 所示。

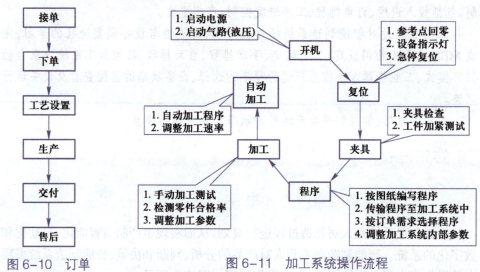

图 6-10　订单式生产流程　　　　图 6-11　加工系统操作流程

加工系统完成开机启动,对加工系统进行复位,将参考点进行回零操作,根据零件图纸要求,选择合理加工工艺进行编制程序,将编写好的程序传输至加工系统或计算机(PC)端。手动加工的零件需要测量精准度,精准度合格后才能进行自动生产,初始生产时需将速度降低,完成多次加工零件,并完成零件的精准加工后再进行高速生产。加工程序运行速度与加工材料的材质、道具的材质息息相关,加工的运行速度需要随着不同的订单需求随时进行变速。

工业机器人的出现打破了传统工业制造的局限性,其具有高效、安全、自动化等多方面优势,工业机器人在智能制造中的应用为制造业发展开辟了又一崭新方向。工业机器人在智能制造系统中主要应用于搬运功能,在生产中的操作流程如图 6-12 所示。

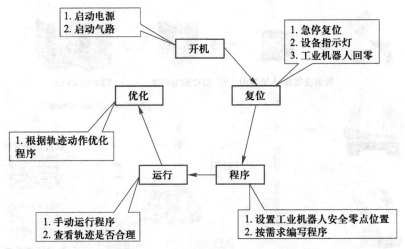

图 6-12　工业机器人操作流程

6.2.2　智能状态监控

当前工业生产步入了现代化,工业设备也向大型化、连续话、高速化、自动化发展,性能越来越高,功能也越来越多,对工业设备运行状况的实时监控就显得尤为重要。实时监控是对设备的运行状态进行监控,通过对数据与状态的采集与检测,实现对设备的运行管控。

状态监测的目的在于掌握设备在产生故障之前的异常征兆与劣化信息,以便及时采取针对性措施,控制和预防故障的发生,从而缩短故障停机时间与停机损失,降低维修费用和提高设备有效利用率。设备状态监测是优化生产的基础,生产的优化根据采集的数据对设备做出实时调整,使智能制造系统达到最高的生产效率。采集数控加工系统、工业机器人系统和电气控制系统的运行状态数据,将数据通过服务端传送至 PC 端或生产监控看板上,根据设备的运行状态进行实时调整,数据采集流程如图 6-13 所示。

监控智能生产中各生产过程控制系统(包括生产单元、生产设备等)的实时生产,建立实时状态的虚拟仿真系统,对生产过程进行监视,对各生产流程进行统一的监视和管理。通过监控设备当前报警、最近报警、历史报警、报警分类查询和报警设置等功能,根据报警优化程序与生产流程。操作员通过当前的历史数据对生产工艺过程进行观察,进一步发现过程运行的规律,及时地调整工艺参数,优化生产工艺流程。监控料仓内物料的状态,在物料不足的情况下需要对物料进行补充,监控运行状态与调整运行流程,如图 6-14 所示。

微课:
智能状态监控

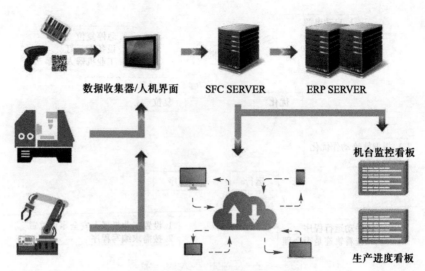

图 6-13 状态监测流程

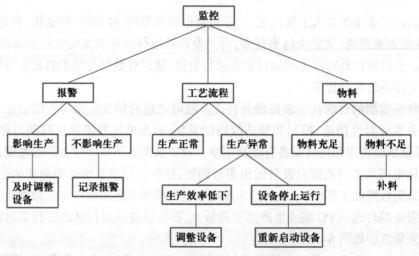

图 6-14 状态监控与运行流程调整

任务实施

6.2.3 智能制造生产运行

根据订单需求,启动并设置工业机器人系统、数控加工系统和 MES,操作步骤如下:

微课:
智能制造生产
运行

1. 数控加工系统启动设置（见表6-6）

表6-6 数控加工系统启动设置

步骤	操作说明	示意图
1	在完成程序的编写和导入后，在数控面板上设置加工中心的运行模式为自动循环	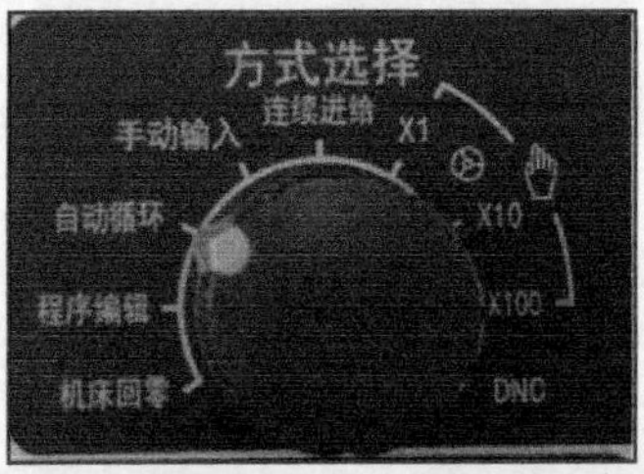
2	在数控面板上调节加工时运行的倍率，将进给倍率调节至20%，在多次运行后再将倍率增加至100%或150%	

2. 工业机器人系统启动设置（见表6-7）

表6-7 工业机器人系统启动设置

步骤	操作说明	示意图
1	根据订单需求在程序界面中选择需要运行的工业机器人程序，加载"ZnzzDemo"程序	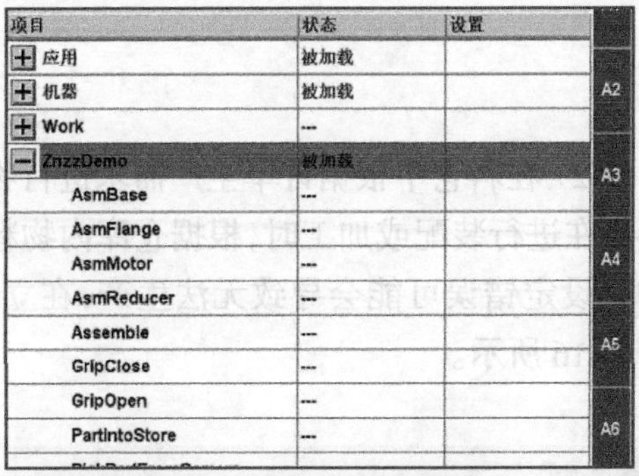
2	启动运行工业机器人程序，可在菜单栏上方查看工业机器人运行状态	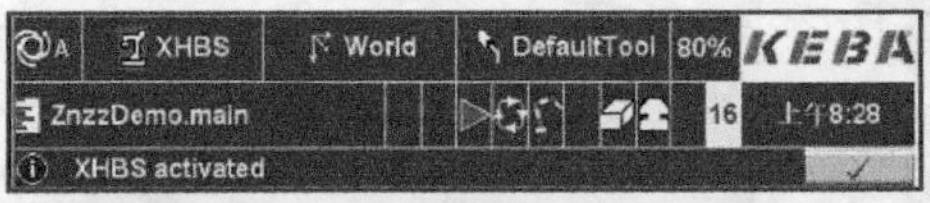
3	在程序界面中显示当前工业机器人的运行流程，可实时查看并调节工业机器人运行速度，在初始运行时可将速度设置为25%，待设备运行稳定后将工业机器人运行速度提高至80%或100%	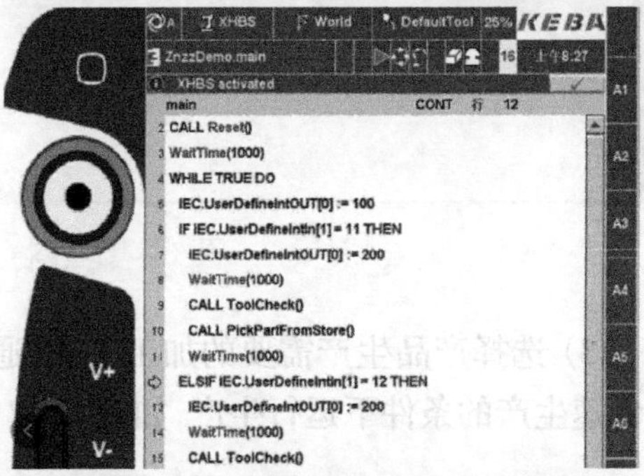

3. MES 设置

(1) 添加新的订单,进行订单的下发,根据订单的需求进行产品类型的选择以及加工数量的设置,设置订单名称为"电机",产品选择为"电机",产品件数设置为"1",如图 6–15 所示。

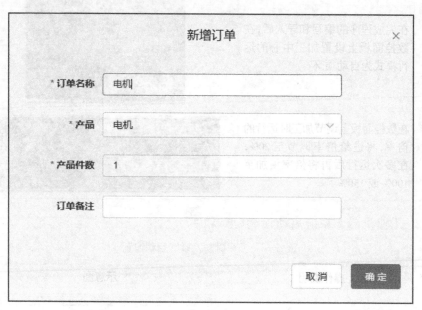

图 6–15　添加订单

(2) 在料仓中根据订单生产需求进行物料选择,添加生产所需的物料。工业机器人在进行装配或加工时,根据仓库内物料的设定以及数量进行不同库位的抓取,物料设定错误可能会导致无法生产,在立体仓库的 1 号库位中选择电机外壳,如图 6–16 所示。

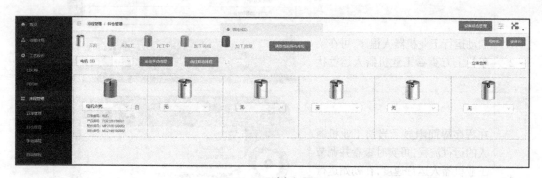

图 6–16　料仓界面

(3) 选择产品生产需要的加工工艺,通过手动下发任务的方式控制生产流程,在低速生产的条件下运行生产,如图 6–17 所示。

图 6-17　手动控制生产流程

（4）在多次手动控制生产流程无异常情况发生时，转入自动生产阶段，通过
MES 操作进入自动生产，加快运行速度，如图 6-18 所示。

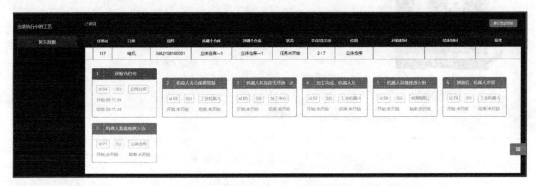

图 6-18　自动排程界面

6.2.4　状态监控与运行调整

在 MES 工业机器人状态监控界面中查看工业机器人的运行速度、运行状态、
通信状态、工作模式、运行速度，如图 6-19 所示。根据生产效率调节工业机器人
的运行速度，在机器人发生报错时，需要将工作模式更改为手动模式并进行手动复
位，复位完成后再次启动自动运行。

微课：
状态监控与运
行调整

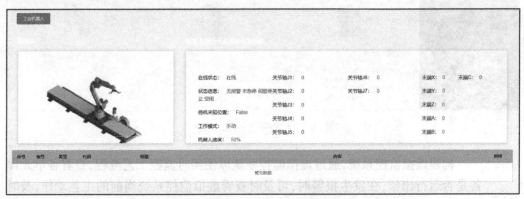

图 6-19　工业机器人监控界面

在 MES 中监控加工中心的运行状态、工作模式、进给倍率、主轴转速、机床坐标、当前刀具等信息,如图 6-20 所示。根据当前生产状况、产品材质、订单生产的工艺运行时间调整加工速度、主轴转速,查看加工数量以及刀具磨损,并定期更换刀具。

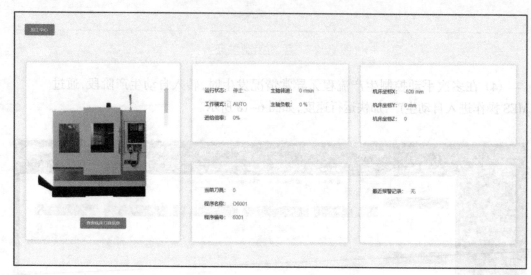

图 6-20　加工中心监控画面

在仓库管理物料界面中查看当前物料状态,在物料界面上若无物料,则表示仓库物料耗材用尽,需尽快补充物料,避免影响生产运行,如图 6-21 所示。

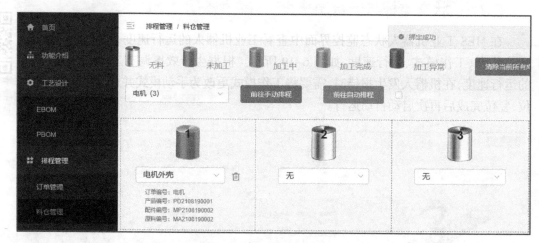

图 6-21　仓库物料界面

构建虚拟监控系统,通过虚拟监控系统以便实时监控工艺流程,查看各单元设备是否运行出错,在发生报警时,可及时查看虚拟监控系统当前的工艺动作,及时调整发生异常的设备,如图 6-22 所示。

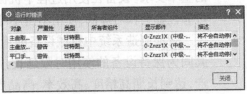

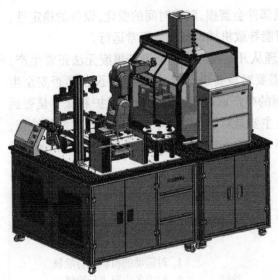

图6-22　虚拟监控系统

任务6.3　智能制造系统设备管理

任务提出

设备管理是智能化生产运行的重要保证。设备管理是由人们操作机器设备来直接完成的,生产设备的好坏直接影响到生产任务的完成与否。规范地使用设备,精心维护、修理设备,使设备经常处于良好的状态是维持生产良好进行的基础。

设备的管理有多种方式,包括对设备的使用、维护、维修,设备的使用周期和生产的效率都需要通过设备管理来提高,通过定期的维护与维修硬件设备、软件系统进行管理,提高智能制造生产效率。

本任务通过学习智能制造的硬件管理流程与软件管理流程,完成智能制造系统与程序的备份,硬件的维护保养。

本任务主要包括硬件设备维护和软件系统管理。

知识准备

6.3.1　智能制造系统硬件管理

做好设备维护保养是提高投资效益的重要环节,是固定资产保值、增值的有效途径,是提高生产经济效益,降低设备使用费用的重要途径,也是提高与增强企业竞争能力的迫切需要。合理的操作和维护、及时的检修,是保证设备长期可靠运行

教学课件:
任务6.3

微课:
智能制造系统
硬件管理

的基本要求。设备在使用过程中机械部件会磨损,随着时间的变化,设备的稳定性、可靠性都会相对降低,使用不当还可能导致机械设备无法正常运行。

智能制造系统中机械设备的管理从开始投入生产至设备报废无法正常生产,其间为保持设备的使用时限延长,需要对设备进行维护与维修,设备能否安全生产,达到长期高精度、高效率、高品质的生产取决于日常的设备维护和保养是否到位。设备维护保养包含的范围较广,主要是对设备的技术状态进行经常性的检查、调整和处理,通过清洁、润滑、调整等一般的方法对设备进行护理,以维护和保护设备的性能,如表 6-8 所示。

表 6-8　设备硬件维护流程

设备操作	步骤流程	设备操作	步骤流程
清洁	1. 设备风扇处灰尘清洁 2. 现场环境卫生清洁 3. 设备内部排屑清洁 4. 设备外部灰尘清洁 5. 液体内部杂物清洁	除锈	1. 对运动的机械进行除锈 2. 对设备表面进行除锈 3. 对工具进行除锈
润滑	1. 机械运动处 2. 零部件碰撞处 3. 各电机轴承	防腐	1. 对运动的机械进行防腐 2. 对设备表面进行防腐 3. 对工具进行防腐
紧固	1. 螺丝螺母 2. 运动关节处固定物 3. 线路连接处		

按流程完成设备的维护保养有以下内容:

1. 清洁

图 6-23　清洁设备内部

智能制造系统在长期使用后设备控制柜或其他位置会有大量的灰尘,需要对其进行定期清理。液压设备内部的液压油十分重要,在其内部混入脏物时容易造成设备的损坏,甚至造成人员身体伤害,会严重影响生产进度,因此需要经常对液压设备内的液压油进行清洁。设备在使用完毕后,内部会有加工所产生的碎屑,需要对废料以及碎屑进行一定的处理,如图 6-23 所示。

2. 润滑

设备在长期使用后,机械运动位置处若不及时加油润滑会导致设备损坏,需要定期对机械运动处进行上油润滑。按时对设备进行加油或换油,油质需符合要求,油壶、油枪、油杯要齐全,油线、油标需清楚,油路也需畅通。特别注意像电机等长期运转的零部件,需在规定时间间隔对轴承等部位进行润滑,如图 6-24 所示。

3. 紧固

智能制造系统电气部分在长时间未进行维护时,接线端子处会出现松动,需要对接线端子处进行紧固。机械部分在长期运动后会导致螺钉螺母紧固部分松动,需要在规定运行时间内定期对设备进行检查,紧固螺钉螺母,如图 6-25 所示。

图 6-24　润滑齿轮轴承处

图 6-25　紧固松动螺钉螺母

4. 除锈

智能制造系统在运行时,可能会因为高温或潮湿导致设备生锈腐蚀,需定期对设备进行除锈,防止零部件因生锈导致设备无法进行生产,定期为设备进行除锈是设备能够保证长期使用的基础,如图 6-26 所示。

5. 防腐

在设备使用过程中,空气中的水分、工作环境的高温容易导致设备被腐蚀,设备腐蚀会严重影响使用,缩短使用时间。因此,需要对长时间在易腐蚀环境下使用的设备进行防腐处理,可定期对设备喷涂防锈油,如图 6-27 所示。

图 6-26　零部件除锈

图 6-27　设备表面喷防锈油

6.3.2　智能制造系统软件管理

智能制造系统由工业机器人系统、数控加工系统和 MES 组成,生产的运行来源于系统的控制运行。在生产运行时,设备内的系统、参数和程序容易因操作不

微课:
智能制造系统
软件管理

备份系统

↓

备份程序

↓

备份参数

↓

保存运行记录

↓

统一保存

图 6-28　系统备份流程

当造成系统崩溃以及程序的丢失,而对系统、程序和参数进行备份可在系统异常或因操作不当导致程序丢失时,快速对设备进行恢复,因此在生产过程中需要对设备的系统、程序和参数进行定期的备份,软件管理备份流程如图 6-28 所示。

工业机器人长期运行会导致点位发生偏移,操作不当还容易导致工业机器人系统的崩溃,需要对工业机器人进行定点的程序备份以及系统备份。备份系统和程序,可在工业机器人发生系统崩溃时或由于硬件老化导致程序丢失时,快速恢复工业机器人的运行状态。使用 B&R Automation 软件将工业机器人内的系统与程序进行导出,如图 6-29 所示。

随着订单数量的增加,加工中心会随着工艺要求更改内部梯形图程序以及 I/O 信号,随着采纳数发生改变,需要对加工中心的程序级系统进行备份。数控加工中心在出现系统错误或内部参数错误时,可以根据不同时间段备份的系统、梯形图程序、I/O 信号进行恢复,使加工中心快速恢复生产。

在加工中心中,可使用 CF 卡进行系统备份,通过 CF 卡备份加工中心内的系统、梯形图程序、I/O 信号,如图 6-30 所示。

图 6-29　B&R Automation 软件

图 6-30　CF 卡

微课:
硬件设备维护

🔧 任务实施

6.3.3　硬件设备维护

通过硬件的维护保养流程对设备的硬件部分进行维护,操作步骤如表 6-9 所示。

表 6-9　硬件设备维护

步骤	操作说明	示意图
1	清理部分长期使用的物件,对其内部与外部进行清理	
2	检查各电机线路是否有问题,并在旋转的轴承上进行润滑	
3	润滑运动的机械装置,并手动运行测试机械装置有无损坏,出现损坏时及时更换	
4	紧固设备的固定装置,在固定装置出现缺失或损坏时,及时进行补充或更换	
5	检查线路的接线紧固处有无线路出现松动,线路有无出现破损,出现破损或松动时,及时更换并紧固松动端子	

步骤	操作说明	示意图
6	测试电气元件,查看电气元件有无损坏,出现损坏时及时更换	
7	查看物品或按钮等有无缺失或损坏,在出现缺坏或缺失的情况下及时上报并进行更换补缺	
8	对生锈的工具或设备进行除锈,在除锈完成后,可在其表面做好防锈措施	

6.3.4 软件系统管理

根据软件系统的管理流程,完成软件系统的维护,操作如表 6-10 所示。

微课:
软件系统管理

表 6-10 软件系统管理

步骤	操作说明	示意图
1	将 CF 存储卡插入数控操作面板中	

步骤	操作说明	示意图
2	在数控操作面板上通过系统参数调试界面进行数控加工系统的备份,选择"SRAM BACKUP"进行数控系统的备份	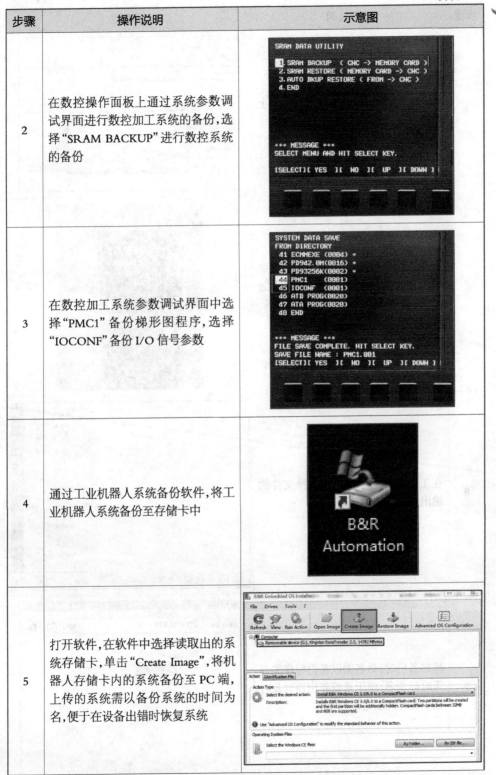
3	在数控加工系统参数调试界面中选择"PMC1"备份梯形图程序,选择"IOCONF"备份 I/O 信号参数	
4	通过工业机器人系统备份软件,将工业机器人系统备份至存储卡中	
5	打开软件,在软件中选择读取出的系统存储卡,单击"Create Image",将机器人存储卡内的系统备份至 PC 端,上传的系统需以备份系统的时间为名,便于在设备出错时恢复系统	

步骤	操作说明	示意图
6	等待存储卡内的工业机器人系统上传完成	
7	将 U 盘插入工业机器人控制器上的 USB 接口处	
8	在工业机器人示教器上选择文件的输出,将程序进行备份	
9	程序备份时,命名需以备份程序的当天时间为名,便于系统在出错时及时恢复各时间段运行的程序	

步骤	操作说明	示意图
10	将 PLC 程序进行备份,复制 PLC 程序并更改时间,以当天备份时的时间命名	
11	将备份的系统与程序进行分类并整理,系统与程序的名称都以当天备份系统时间命名	
12	在 PC 端新建文件夹,命名为"智能制造系统备份 2021.8.19"	
13	将备份的程序与系统放入名为"智能制造系统备份 2021.8.19"的文件夹中,完成智能制造系统软件系统管理	

项 目 拓 展

1. 基于图 6–31 所示的仿真工作站的智能制造系统,通过对智能制造系统的操作准备和运行管控完成订单的生产,要求如下:

(1) 完成智能制造系统的开机启动；

(2) 完成 MES 内的订单下发；

(3) 完成 MES 内的物料设置；

(4) 完成数控加工中心的运行设定；

(5) 完成工业机器人的运行设定；

(6) 完成运行中设备的监控及调整；

(7) 完成对智能制造系统的软件系统备份。

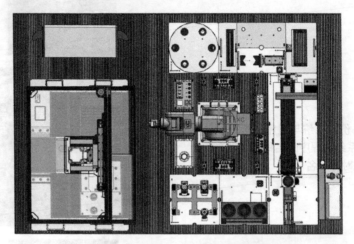

图 6-31　仿真工作站

2. 基于如图 6-32 所示的智能制造设备，通过软件管理和硬件维护完成设备的管理，要求如下：

图 6-32　智能制造半实物设备

(1) 完成智能制造系统的备份；

(2) 完成智能制造程序的备份；

(3) 完成智能制造系统内参数的备份；

(4) 完成设备的硬件维护保养。

参考文献

［1］刘强.智能制造概论［M］.北京:机械工业出版社,2021.

［2］周济,李培根.智能制造导论［M］.北京:高等教育出版社,2021.

［3］李河水.数控加工编程与操作(第2版)［M］.北京:机械工业出版社,2018.

［4］赵国增,岳进.机械制图与计算机绘图［M］.北京:高等教育出版社,2010.

［5］王志强,禹鑫燚,蒋庆斌.工业机器人应用编程(ABB)·初级［M］.北京:高等教育出版社,2020.

［6］王红军.计算机辅助制造［M］.北京:机械工业出版社,2018.

读者意见反馈

为收集对教材的意见建议,进一步完善教材编写并做好服务工作,读者可将对本教材的意见建议通过如下渠道反馈至我社。

咨询电话　400-810-0598
反馈邮箱　gjdzfwb@pub.hep.cn
通信地址　北京市朝阳区惠新东街 4 号富盛大厦 1 座
　　　　　高等教育出版社总编辑办公室
邮政编码　100029